太歲論命指南

為你打開另一扇命理之門

圓方立極

「天圓地方」是傳統中國的宇宙觀，象徵天地萬物，及其背後任運自然、生生不息、無窮無盡之大道。早在魏晉南北朝時代，何晏、王弼等名士更開創了清談玄學之先河，主旨在於透過思辨及辯論以探求天地萬物之道，當時是以《老子》、《莊子》、《易經》這三部著作為主，號稱「三玄」。東晉以後因為佛學的流行，佛法便也融匯在玄學中。故知，古代玄學實在是探索人生智慧及天地萬物之道的大學問。

可惜，近代之所謂玄學，卻被誤認為只局限於「山醫卜命相」五術及民間對鬼神的迷信，故坊間便泛濫各式各樣導人迷信之玄學書籍，而原來玄學作為探索人生智慧及天地萬物之道的本質便完全被遺忘了。

有見及此，我們成立了「圓方出版社」（簡稱「圓方」）。《孟子》曰：「不以規矩、不成方圓」。所以，「圓方」的宗旨，是以「破除迷信、重人生智慧」為規，藉以撥亂反正，回復玄學作為智慧之學的光芒；以「重理性、重科學精神」為矩，希望能帶領玄學進入一個新紀元。「破除迷信、重人生智慧」即「圓而神」，「重理性、重科學精神」即「方以智」，既圓且方，故名「圓方」。

出版方面，「圓方」擬定四個系列如下：

1.「智慧經典系列」：讓經典因智慧而傳世；讓智慧因經典而普傳。

2.「生活智慧系列」：藉生活智慧，破除迷信；藉破除迷信，活出生活智慧。

3.「五術研究系列」：用理性及科學精神研究玄學；以研究玄學體驗理性、科學精神。

4.「流年運程系列」：「不離日夜尋常用，方為無上妙法門。」不帶迷信的流年運程書，能導人向善、積極樂觀、得失隨順，即是以智慧趨吉避凶之大道理。

此外，「圓方」成立了「正玄會」，藉以集結一群熱愛「破除迷信、重人生智慧」及「重理性、重科學精神」這種新玄學的有識之士，並效法古人「清談玄學」之風，藉以把玄學帶進理性及科學化的研究態度，更可廣納新的玄學研究家，集思廣益，使玄學有另一突破。

作者簡介

潘樂德，畢業於香港大學及北京大學，獲文學士及國際關係碩士學位。幼承家學，自少醉心於中華文化，對醫卜星相皆多有創見。一直秉持着易知易行的原則，改進傳統術數不合理之處，並刪繁就簡，成就一家之言。深信中華術數文化具有強大正能量，可為現代社會灌注無限活力。

潘老師熱心推廣五術文化，首度提出術數母法的概念。曾開辦多個術數課程與講座，內容涵蓋子平命理、擇日、風水、相學、天文曆法、及傳統通勝等，亦開辦了多屆中醫實用課程與食療課程，並連續數年舉辦多次養生食療宴，深受歡迎。

命理暢銷著作有《十神洩天機（增訂第二版）》、《十神啓示錄（增訂版）》及《子平說秘》。

facebook個人帳號：潘樂德

微信公眾號：潘老師風水命相工作室

YouTube個人頻道：takpoon28

前言

生肖是華人的民間習俗，而生肖論命則是中華命理學的其中一個分支。由於生肖只代表一個年支，故不少學習命理的人視之為俚俗，不太看得起，認為難登大雅之堂。

不過，生肖和年支其實只是一個錢幣的兩面。從正宗命理學來看，年支包含不少信息，具有重要的作用，生肖則只是年支在民間的衣裳而已；如果揭起這件衣裳，拋開成見，就會發現其珍貴的價值。若想了解子平八字，或想更快地了解自己的命運，生肖論命法是一個不錯的切入點。

我在第三本著作《子平說秘》中，已經比較深入地研究生肖論命的課題，引起了不少讀者的興趣和關注。不過，由於篇幅有限，故內容只集中在原局命的批斷上，並無太多論及批斷流年的方法。因此，《子平說秘》可以視之為生肖論命的上集。

而本書則會集中講述生肖論命的下集，即如何透過生肖去批斷流年，包括人生的重要關口，以及在這些重要關口上，如何去主動趨吉避凶，令人生再上一個階梯。

書內所述的部份方法和原理，不少是我個人的經驗，過去從未在任何八字書出現過。今次在書中我會更深入地論述一些訣竅，故內容絕非泛泛之談，而是一如既往的珍貴。

希望本書的出版，能令生肖論命法受到更多人的重視，在實踐中得到更多的運用，不至於白費了祖師們的心血。

當然，太歲論命法其實屬於一柱論命的體系，是從八字的其中一點去批斷出人生的某些重點。有時會出現令人拍案叫絕、意想不到的批語；但總體而言，論命必須兼顧年月日時各干支的關係綜合分析，不能以偏概全，輕率地作出結論。這對命主本人是很不負責任的做法。

這個觀點我曾在《十神啓示錄》中闡明，相信讀者已非常理解，不至於以單一干支的論命法取代綜合論命體系。

最後，希望將此書獻給我敬愛的父親和母親，多謝你們無限的支持和鼓勵。如果本書可以帶來任何榮譽和功德，我希望可以與你們一同分享。父親生肖是馬，母親生肖是牛，寅午和戌形成三合局，戌為火庫，代表光明的歸宿。他們能夠相知相愛幾十年，本身也是很深的緣份，願你們在另一個光明的世界裏，天天都幸福快樂。

目錄

第二章　破繹太歲密碼

第三章　批斷流年秘訣

第四章　太歲推斷實例

第一章

揭秘千面太歲

打開另一道命運之門

人的命運是多層次，全方位的，包括性格、健康、財運、事業、人際關係、婚姻愛情等等，所以在客觀上來看，結構非常多樣化。

而最令人難以捉摸的，是許多時所謂的吉凶根本難以判斷。以為嫁了個好老公，卻原來是一段悔不當初的孽緣。中彩票以為是天上掉下來的大禮，卻原來埋下了身敗名裂、妻離子散的伏筆。

所以，批斷命運是不能簡單地用吉凶的標準，是需要從不同的角度去觀察。

古時子平命理的觀察重點是年柱，後來則變成日干，也有從月令的角度去觀察，各有側重點，也各有其必要性。

但可惜年柱作為觀察點的方法，現在已很少人研究和應用，以致在觀察命局時，缺少了一個獨特而重要的視角，不能不說是現代命理學的缺失。

子平古訣《四言獨步》有云：「先天何處，後天何處，要知來處，便知去處。」

《滴天髓》也云：「何處起根源，流到何方住。」

這裏所說的「先天」和「根源」，不同流派有不同解釋，但我認為正是指年柱。子平學公認的說法是，以「年為根，月為苗，日為花，時為果」，明顯很重視年的作用和地位。故從四柱宮位來看，以年為先天和根源是非常合理的。

年柱又細分為年干和年支，年支乃是根中之根，整體而言其重要性猶在年干之上，故長久以來，年支又有太歲之名。太歲者，歲中之天子也。

因此，對現代人來說，重新重視對年柱、尤其是年支的研究，就像打開另一道命理之門。其深處可以令人對命局的觀察和批斷更加全面和多角度，其淺處可以為初學者提供入門的捷徑。

故太歲論命法誠為一套可深可淺，具備獨特視角和功能的論命體系。本書內四個章節皆是談論此套體系，內有許多珍貴的訣竅，以及大量的實際例子，容易理解，也很容易上手應用，幾乎是即學即用。讀者閱後應可快速提高論命的水平。

木星太歲影響農業

太歲是至高無上的意思，如太極、太上皇等詞的太字，即有至高無上之意。故此，太歲即是在一年之中權力至高無上者。

中國太歲信仰的來源非常古老，其原意乃是出於對木星的崇拜。古代占星學非常推崇木星，認為其代表農作物收成。《淮南子．天文訓》說：「歲星之所居，五谷豐昌，其對為沖，歲乃有殃。」

意思是，木星所在方位的國家，農作物收成非常好；如果國家的位置是木星的對面，即所謂相沖，就表示農作物會失收。

古代中國以農立國，極重視農業，因為有農業就有食物，一旦農作物失收，就會出現饑荒，物價飛漲，人心不穩。這對國家來說是極其重要的打擊，不少國家更因此而被外敵入侵而滅國。

因此，農業其實更涉及金融、社會穩定及國家安全等範疇，故此木星的軌跡及狀態，對國家來說是非常重要。

故此在春秋戰國時代，規定凡是木星所在的國家都不可以征伐，理由正是因為該國農作物豐收，經濟繁盛，強攻難以取效。

由於其重要性，以致不少國家都將木星的軌跡和運行規律定為記錄年份的曆法。所以，上古時代重視木星太歲，是有非常實際和具體的理由。

不過，當時的木星太歲是實際星體，和後世的虛星太歲不是同一體系。而且，木星太歲主要論國運，和個人的命運沾不上邊。

太歲系統獨具優勢

從地球的角度看，木星繞地球一周，大概需時十一年多一點。故中國人最早就是用木星來記錄年份，大概十二年一個循環；所以木星又稱為歲星，取其權威之意。

後來由於木星繞地球運行的時間並不規律，時間長了運用起來不夠方便，於是虛構一個太歲的星體，每年固定走一個宮位，十二年剛好走完十二個宮位，永無出錯。

一個宮位就是一個地支，故十二個宮位，就以十二個地支代表。例如二〇一九年是亥，太歲就在亥位。

由於方便易記，於是太歲法漸漸取代原來的歲星紀年法而流行起來，而且保留了木星權威的意義。宋朝的《五行精紀》云：「太歲者，木星之精也，每歲一位，其神為諸殺之君。」

稱得上是「諸殺之君」，就看得出太歲在古法命理中的地位了。

在四柱命理方面，太歲簡單而言分為兩種。第一種是當生太歲，即是每個人出生年的年支。例如生肖屬午馬，午馬就是當生太歲；生肖屬丑牛，丑牛就是當生太歲。

還有一種叫做流年太歲，例如一九九七年地支屬丑牛，丑牛就是流年太歲；二〇一九年地支屬亥，亥就是流年太歲。

所以，對於每個人來說，當生太歲只有一個，不會改變；而流年太歲則每年都不同。

不過，若再細分一點，太歲也分為年柱和年支兩種。例如二〇一九年干支是己亥，年柱太歲就是己亥，年支太歲就是亥。

年柱太歲我稱之為複式太歲，年支太歲我稱之為單式太歲。本書就是專門論述單式太歲，即年支的流年批斷法。

有些人會問，這只是人工構造出來的星體，根本不是實際的天象，為何仍可用來預測？

其實這套虛構的太歲系統，雖與實際天象關係不大，但由於邏輯嚴密，而且歷經幾千年的發展，不但沒有被淘汰，反而愈來愈受到重視；在實際應用中，更擁有自己獨特的優勢。

古法太歲論命

四柱古法以年柱的干支作為論命重點，而非後來以日柱為主。其法以年干作為祿，年支作為命、年柱的納音五行作為身，再配合月日時和運限干支來論命。

年支稱得上是命，證明在古法中其重要性是不容忽視的。《三命通會》說：「年為太歲，主人一生禍福，如當生太歲，是金是木，要日月相生相應，造化和順，則根基牢固，一生卓立成就。」這是以年柱為主，月日時為輔，以批斷終身的古法。

而目前一般的太歲論命，其實主要指批算流年的干支吉凶。如《淵海子平》所說的太歲，就是指流年：「犯歲君者，其年必主凶喪、剋妻妾及破財是非。」

太歲論命其實是有很多更深入的內涵。

我在《子平説秘》中曾説過，生肖論命法有極簡的方法，也有極繁的方法。如果用極繁的方式論命，當中所含的信息量是超出許多人的意料之外。

但即使是用極簡的方式論命，也會有相當強的批算能力。

曾遇上一個個案，來自香港的尚先生，從事廣告行業，他的生肖是兔。來找我時是二〇一八年，剛剛過去的二〇一七丁酉年，正是屬兔人俗稱犯太歲的年份。

當時我心血來潮，未看其他部份，就直接用年支生肖去批斷了幾點。

第一：二〇一七年頭胸部位有疾患災病，或會做手術。

第二：此年家中或工作單位應會有裝修之事，也有可能會搬屋或搬辦公室。

第三：此年破財嚴重。

第四：和父母長輩關係會比較疏離，又或者父母身體會抱恙。

他回應說：第一點，二〇一七年頭頸並無疾患或意外受傷，不過他在別人介紹下，找到一位日本正骨大師，調整了身體的骨骼，頭頸部份是重點調整對象。正骨之後，整個頭型有少許變化，不過頭骨痛了好幾天。這是應驗了手術之事。

第二點，家中並無裝修及搬屋；但年中時，工作單位開始大裝修，他本人更被主管點名要求主持其事。

第三點，本年花費明顯較大，但收入反而減少。

關於第四點，和家中父母關係無大變化，不過父親在體檢時驗出高膽固醇，需要定時服西藥控制住。

這四點推斷，基本上完全應驗。

當時未有再細說，其實此年還會應驗族中長輩過身之事。後來他告知，二〇一七年中時，有一個關係比較密切、感情比較要好的叔叔因癌症過身。

好像這位尚先生的案例，在我日常斷命中能經常見到。證明純粹用生年太歲，即俗稱的生肖，都可以簡易直接地推斷出許多命中細節，而且完全可以即學即用，無需理會身強身弱等高深理論。

千面太歲一化為六

就像質疑星座一樣，有些人會質疑生肖的準確性。每年如此多人出生，為何都屬於同一個生肖，又可以用同一個生肖去解釋命運趨勢。

坊間的生肖論命的確比較單一，屬兔的就講兔的特徵，屬雞的就講雞的特徵；但其實，這只是論及生肖的其中一面而已，並不全面。

生肖的全部特性，除了所屬地支之外，還涉及另外五至六個地支。分別是前後兩個生肖，三合六合生肖和對沖的生肖。

以子鼠為例，前後兩個生肖就是亥豬和丑牛，三合生肖就是申猴和辰龍，六合生肖就是丑牛，對沖生肖就是午馬。

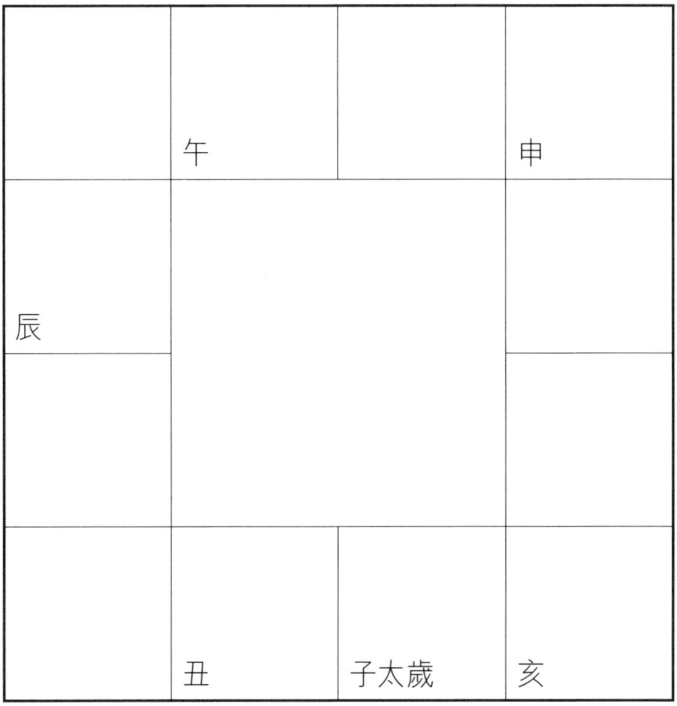

圖一：千面太歲示意圖

也就是說，生年太歲其實是一化為六或七。每一個生肖，包含了總共六至七個生肖的特徵。這些特徵未必會同時顯現，而是在不同的人生階段，不同的命運趨勢中，而顯現出不同生肖的面貌。

故本命生肖的本質，其實是一個動態的演變過程，並非一成不變。

當然，真正的批命要結合年月日時的資訊；但從生肖論命的角度來看，同一年出生者，其實可被細分為六至七個小分類，其精準性就大大提高，並非如部份人所認為般含糊。

所謂千面者，是形容其多而已，並非真有一千個不同面向。只是，不論如何變化，核心的特質仍然只是出生年的太歲生肖。

作個比喻，皇帝只有一個，但身邊很多人都會影響皇帝的想法。如果和太上皇和皇后接觸多了，就較傾向他們；和太監接觸多了，就傾向太監的想法；

和外臣接觸多了，就傾向外臣的想法。不過，最關鍵決策者，最後仍然是皇帝。

故此，要確切知道生肖在不同階段及環境下的具體特質，就必須深入了解千面太歲的裂變和融合規律。

生肖有正反兩特性

許多家長都喜歡某幾個生肖，例如龍、虎、馬和兔等等，不太喜歡鼠、蛇和狗等。他們一般都只是出於對該動物的印象，而不是根據純粹的學理。

事實上，每個生肖都有根本特質，既可以表現得很正面，也可以表現得很負面。具體好壞，好多時是看本人是否得到良好的教育，自己是否有足夠的努力，以及是否處於穩定及順利的人生境況而定。

例如屬鼠的人，表現得正面時，就是比較聰明，而且善於應變，亦有自己的堅持，不會隨波逐流，做事也比較有效率；當表現得較負面時，由於子有坎卦之意，就會變成傾向暗地低調行事，予人陰險的感覺，而且個性會較急躁，做事比較冒進。

如果鼠人有受過良好的教育，而且正處於人生較順利的狀態，其正面部份例如聰明靈活等特質，就會主導命主個性；但如果自幼缺乏良好教育，又或者運途較坎坷，則會令負面的特質顯現出來，例如人會較為陰險，而且多陰謀詭計。

而且，正反兩面的特性可以是交替出現的。例如前十年運途不佳，特質會比較負面；後十年運途改善，人會變得正面；但之後十年運途又再不濟，則負面特性又會變得主導。

由於幼年和青壯年是成長的關鍵時刻，故如果出身良好，家庭教育比較完善，則會將生肖的正面特質成為命主的基礎。日後除非長期運途不濟，否則較短期的生肖劣質化，是不會改變整個生肖的正面基調，反而可以令命主的個性和價值觀更加圓熟。

反之，如果幼年教育不佳，家庭環境惡劣，則會令生肖的負面特質成為命主的基礎。除非日後運途長期都不錯，否則命主就會顯露該生肖較劣質和陰暗的一面了。

順運須兼看合局

生肖的不同特質，在人生高潮和低潮時會有不同顯現。在比較順利時，則除了本命生肖以及六沖生肖的特質外，還涉及到三合及六合宮位的生肖。

地支有兩種合局，一個是三合局，另一個是六合局，於是每個地支都和另外三個地支形成合的關係。

例如：

- 子支，和申辰形成三合，和丑形成六合。
- 寅支，和午戌形成三合，和亥形成六合。
- 辰支，和申子形成三合，和酉形成六合。

合有團結、貴人、合作等正面意思，當然也有糾纏不清，牽連等負面含義。在人生比較順遂的時候，合的正面意思會較為明顯。

這個也是很正常，一個人順利時，一般會較為關注外界事物，而其他人也會比較願意靠近。其本人的個性，也傾向較為寬容及融和，故會比較受三合六合地支所影響。

例如屬鼠的人本身是聰明和善於應變，人生較順利時，會多了丑牛的穩重平和，辰龍的文學藝術修養，以及申猴重視義氣，做事有效率等的優點。（見圖二）

可以見到，人生順遂時的個性特質會比較多層次和多元化，而且會有多個特質互相碰撞而出現的化學反應。然後命主會變得多層次，多角度，令情緒經常保持在穩定和高能量的狀態，在抵抗外力沖擊時會較有優勢，不容易被外力打擊。

這個多重生肖帶來的化學反應，亦可視為當事人成功的因素之一。

			申
辰			
	丑	子太歲	

圖二：鼠人的三合六合

三合生肖更立體

之所以說三合是多層次和多元化，是因為它將每個五行都分為生旺墓三個階段。這個三分法主要是顯示五行在地支的力量消長，但其實這也代表每個五行的三大特徵。

寅申巳亥四個地支是「生」，古時稱為四孟，五行之氣由這四個地支開始萌芽生長，就像人生中的青少年階段，代表活力、創新、積極、進取和學習。

在生肖個性中，代表命主像青少年般不斷學習和進步。能量不算最強，但充滿生氣和活力。

子午卯酉四個地支是「旺」，古時稱為四仲，五行之氣到這四個地支時，就像人生中的壯年時期，能量達到頂峰狀態，故代表自信、強大、威嚴、攻擊。

在生肖個性中，代表命主像中年人般自信但帶有強烈的佔有欲和攻擊性。但四仲生肖的能量純粹是消耗性的，只放不收，只散不斂。

辰戌丑未四個地支是「墓」，古時稱為四季，五行之氣到這個地支時，已屬於低能量狀態，就好像人生中的晚年階段，能量值極低，故代表守舊、穩定、低沉、冷漠。

在生肖個性中，代表命主像老年人般穩重和平和，有時甚至會有低沉和消極的情況。墓支亦同時代表收斂，其能量純粹是吸收和儲存，只收不放，只斂不散，和子午卯酉四仲的特性是相反的，故亦代表命主深明世事，有早熟的傾向。

如果本命生肖只屬於四孟生肖虎、猴、蛇、豬，但無旺、墓生肖配合，命主會像年青人般有激情和生氣，但容易流於魯莽和幼稚。

如果本命生肖只是四仲生肖鼠、馬、兔、雞，但無孟、墓生肖配合，命主只會不斷佔有和攻擊，不斷消耗自己的身心能量，但容易如《易經》所云：「知進而不知退，知存而不知亡，知得而不知喪」，又或樹敵太多，或令自己身心俱疲；甚至會像即將燃盡的蠟燭般，忽然熄滅。

表現出來，可能會定下極高且不現實的目標，或會忽然結束投入多時的事業，甚至選擇結束自己的生命等等。

如果只是四墓生肖的龍、狗、牛、羊，但無孟、仲生肖配合，命主會變得過於老成、但消極和冷淡。

如果生肖成為三合局，則可兼具四孟之生氣、四仲之銳氣，以及四墓之定氣。命主既可以不斷成長，生機勃勃，也能充分施展所長，在人生舞台上發光發熱。與此同時，又會知所進退，周旋有節，綿綿不絕。

每個五行的三合局又分為陰和陽兩局，故金木水火四大局加起來就有八大局了。

可以看到，這樣的人個性層次會比較立體和多元化，並不拘限於本命生肖，成功機會自然比單獨一個生肖大得多。

這裏不妨透露一個看流年的秘訣。如果人生形成三合局，那麼其本命年除了自己出生年之外，還包括三合局的旺支。

即是：

- 三合火局的本命年是午年
- 三合水局的本命年是子年
- 三合金局的本命年是酉年
- 三合木局的本命年是卯年

每逢這些三合局的本命年，就按本命年的吉凶法則去論斷，許多時都會有意想不到的新發現。

具體例子可參看第四章的李小龍篇。（見190頁）

火局多激情外向

三合局分為四類，分別是金木水火四大局。不同局都有不同的特性，其帶來的人生歷程也會有所不同。

如果生肖是寅虎，或午馬或戌狗，只要能形成三合局，就會成為火局的人生。

五行火代表熱情、開放、進步、付出，其總體性質是以發散為主。火局人生，會是極為精彩的。豐富的經歷，眾多的朋友都為火局命主帶來難忘的回憶。

而且，由於他們比較熱情，會容易全情投入一段感情，甚至會自作多情，或過於濫情，故此他們的愛情經歷會比一般人豐富多彩。當然，由此而來的爭議和麻煩也不少。

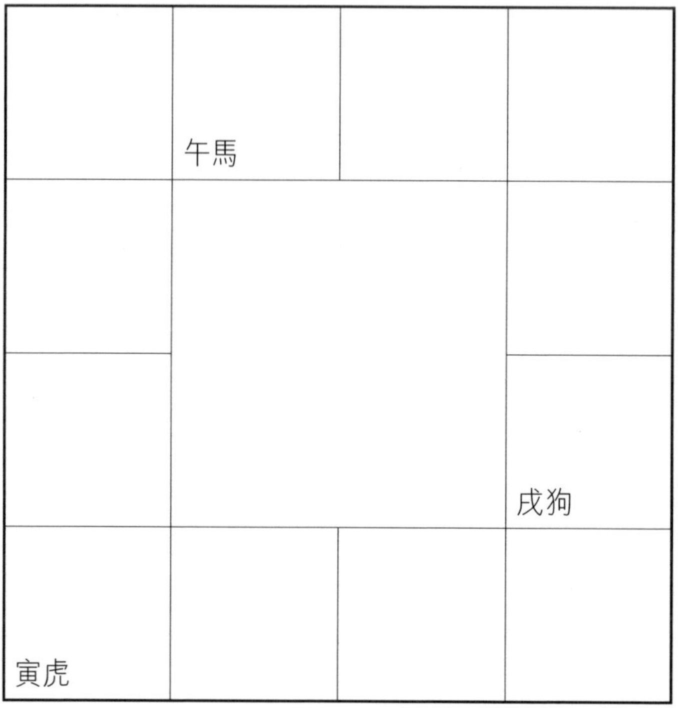

圖三：三合火局

也由於火局人喜歡體驗不同的經歷，討厭平淡，故人生的起伏會較大，不論從事什麼行業或工作，都容易做出一些成績。

火代表名氣，故火局人多會追求別人的關注，有時即使是壞名聲也不介懷，總好過寂寂無聞。所以不少火局人通常會有名大於利，或名大於實的情況。

不過，火局以發散為主，即使有戌狗作為庫存，也只是處於較好的狀態而已，發散的性質不變。命主容易有走而不守，多勞少得的情況。辛苦過後，未必能得到實質的利益，然而他們可能是樂在其中，並不介意。

此外，火局人通常會感情重於理性，即使有戌狗把關，也要提防感情用事，令自己受到傷害。

火為朱雀，也代表是非口舌。不論運勢高低順逆，此特質都會存在，只是程度有差異而已。命主可以從事傳媒、法律、遊說、教育及銷售等相關工作以作趨避。

火局又分為陰陽兩局。陽火局的人有如太陽，會更加熱情外向，而且高調張揚，對人對事喜歡傾盡全力去對待，不會留有餘地。於是他們吉會更吉，但遇到問題時，困難也會比較大。

陰火局的人，會較為內斂。而且他們的熱情可能只針對部份人或事，而不是像太陽般普照四方，無分遠近。一般來說，他們的人生成就較陽火局的人小。

具體例子可參看第四章。

水局善變多智慧

如果生肖是申猴，或子鼠或辰龍，只要能形成三合局，就會成為水局的人生。

《論語》說「智者樂水」，水和智慧的關係比較緊密。故水局人具有聰慧、善變和多慮的特性。他們比較喜歡動腦筋，玩謀略，講成本效益，重理性而輕感情。

他們也有不少朋友，但朋友之間較多以利益相交；肝膽相照、純講感情的朋友會比較少。

水善於流動，而且遇到障礙時，許多時都會找到出路繼續向前。水局人也有類似特質，他們具有較佳的應變能力，面對困難時，經常可以出奇不意地找

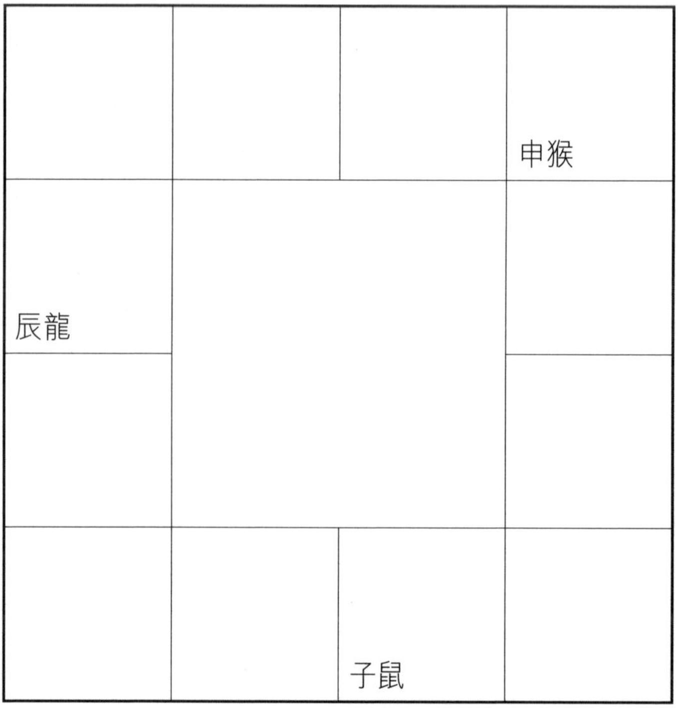

圖四：三合水局

到解決辦法，並安然渡過困境，有扭轉乾坤之力。

古語云：「山重水複疑無路，柳暗花明又一村。」此之謂也。

水局人較重視安全和利益，在選擇人生路向時，比較傾向合於利而動，較少因為頭腦發熱，一時興起而作出重要決定。

水是坎卦，也是玄武，帶有收斂、暗中行事和陰謀之意。故水局人不像火局人，較喜歡低調行事，多做事少說話是他們的風格。有些水局人說話也比較多，但他們做的事卻更多。

他們喜歡計中有計，話中有話，聲東擊西，指南打北，經常讓人摸不着頭腦。

故此，他們容易予人神秘和捉摸不透的感覺，有時更予人狡猾的印象，令旁人產生較大的提防之心。

古語云：「剃人頭者人亦剃之」，水局人也容易被人暗中謀害，在不知不覺中招來損失。所以，水局人重智慧也不要忽略感情。須知道，在層層無盡的利益計算之外，還有暖暖的溫情。

他們多從事策略、顧問、傳媒、文學、藝術和財務等方面工作，容易有較大的成就。

陽水局的人如江湖大海之水，人生志向和境界會較高，做事較有魄力，行事也會較為透明，人生觀較為積極。

陰水局的人則如雨露之水，較喜歡暗中及低調行事，不喜歡也不適宜做枱面人物，只宜背後策劃或輔助；而且會較喜歡神秘和另類的事物，若從事這方面的工作會較有成就。

具體例子可參看第四章。

木局多仁愛堅毅

如果生肖是亥豬，或卯兔或未羊，只要能形成三合局，就會成為木局的人生。

木有生長的意象，代表活潑的生機。無論情緒多麼低落，只要見到似錦的繁花，以及茂密的樹林，心情都會為之開朗。

木局人的人生觀是積極的，他們熱愛生命，但和火局人的熱情不同，木局人主要是樂觀，不論對人對事，都傾向從正面的角度去看待。故此，旁人看起來他們是比較堅毅；但其實，他們只是抱着樂觀積極的心態，不輕易感到氣餒而已。

但的確，木局人很有自己的主見和原則，不會輕易因為外來的壓力而改變

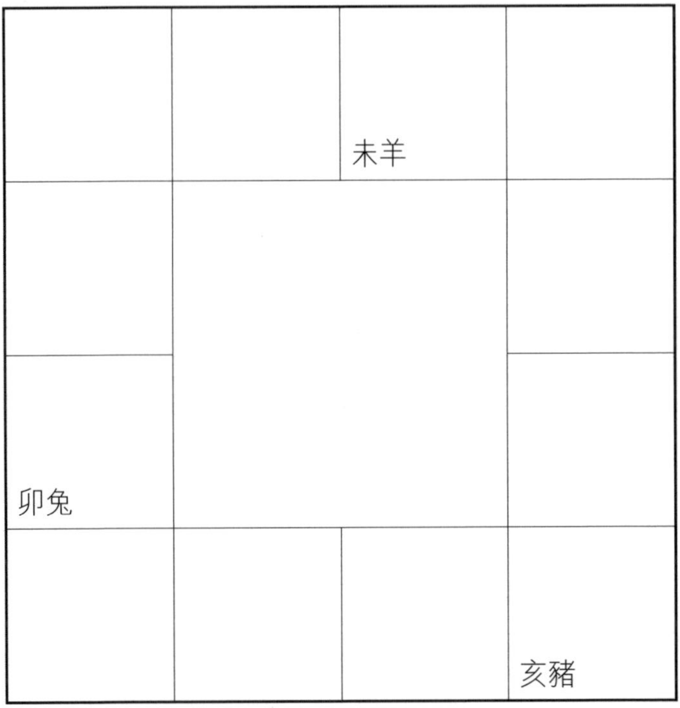

圖五：三合木局

己見。這也是他們被視為堅毅的原因之一。

五行中木代表仁愛，故木局人會比較有愛心和同理心。對別人的苦難容易感同身受，對別人的需求，他們會盡力去滿足。

木局人的是愛心，火局人的是熱情，兩者有所不同。前者是從同理心出發，關注別人的需求。後者和同理心無大關係，可能只是純粹為了宣洩自己澎湃的感情而已。

因此，若論真正樂於助人，木局人會稍勝於火局人。

木局人較適合從事政府工作、社福或非牟利工作，以及教育、文化及藝術等等，較容易有成就。

陽木局的人有如參天松柏，會比較堅毅。清朝鄭板橋的詩：「咬定青山不放鬆，立根原在破岩中，千磨萬擊還堅勁，任爾東西南北風。」這四句詩正好用來形容陽木局人堅持原則、不畏強權的風骨。

不過，能否擇善固執，則要視乎命主的智慧程度。若無相等的識見配合，則可能只是固執不通而已；而且，會給身邊人帶來莫大的壓迫感。

陰木局的人如花草，堅毅程度稍減，但愛心有所增加，對身邊的家人和朋友會比較好，善於體察他們的細微需求，給人的壓迫感較小，人緣會較好。一般來說，人生層次會較陽木局的人低，但人生境況會較為順遂。

金局多剛毅果斷

如果生肖是巳蛇，或酉雞或丑牛，只要能形成三合局，就會成為金局的人生。

五行中金為義，金局成格者特別重視公義和公平。他們比木局人更加有主見和原則。只要符合公義的事，他們會堅持到底，絕不退讓或妥協。

所以，如果說木局人是堅毅，金局人則是剛毅，在大是大非問題上是硬梆梆的。他們會是談判桌上難纏的對手。不過，關鍵時刻也是可靠的守護者。

金屬可以打造利器，故金局人做事不但有魄力，而且相當果斷，不會拖泥帶水。而且即使遇到困難，他們也能懷着信心和勇氣去突破困局，在限期之前完成任務。由於重視公義和原則，故不論成就高低大小，必容易與人結怨，口

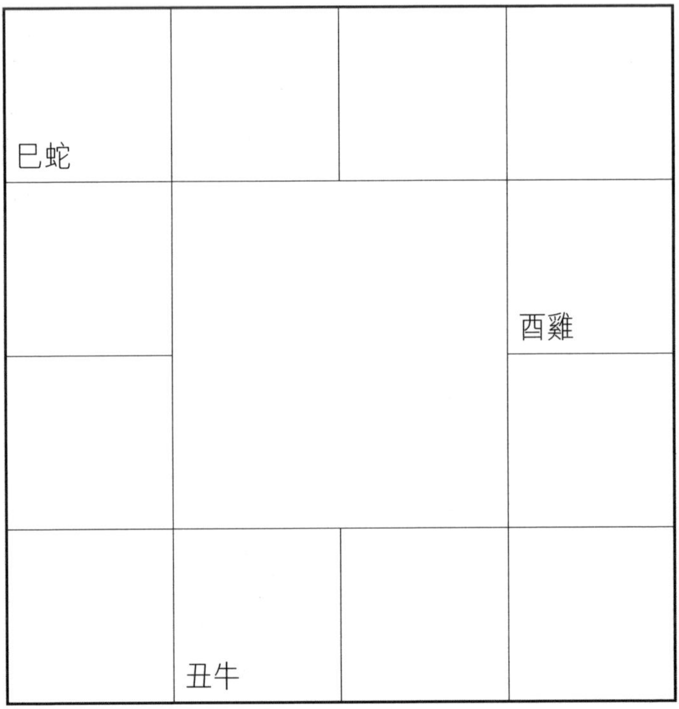

圖六：三合金局

舌是非難免。

金局人比較重義而輕利，會較為輕視錢財利益之事，所以不利從商，也不適合從事需要極強人際交往的工作。

金局人較適合從事法律、仲裁、工程、機械、財務管理等工作，會較容易做出成績。

陽金局的人如鋼鐵，其剛毅果斷的程度會更高。這些人會做大事，愈是困難的工作愈容易有成績。一般來説，他們的人生成就會較大，但是非口舌的問題也會較嚴重。

陰金局的人如珠寶，潔身自愛，律己以嚴，同時有特別吸引他人的氣質。這些人的己見和原則會較為內斂，遠觀可能無特別，接近之後才可感覺得到。因此，他們能贏得他人的尊重，而是非口舌問題也會較小。

人生低潮　兼看對宮

本命生肖的特質，除了受到合宮生肖影響，也很受對宮的生肖影響。

在人生高潮時，會同時受到合宮以及對宮的良好質素影響。

相反，如果人生長期處於低潮，則本命生肖會更多地受到對宮影響，而不是三合六合宮位了。

地支有六沖的關係，在平面圖上皆是相隔一百八十度。這個組合可以視之為兩個地支之間的衝突和矛盾。

每個人都有自身以及和他人的衝突和矛盾，包括思想方面，身份方面，以及利益方面等等。只是在順遂時這些衝突矛盾並不尖鋭，會被擱置一旁；但在人生低潮期，這些衝突和矛盾就會變得明顯和突出，對命主的影響也會隨之被放大。

從生肖命理學來說，在人生順運時，本命地支處於較為主導的強勢，對宮地支的正面因素顯現，負面因素不會顯現；但在人生逆運時，本命地支處於較為弱勢，那麼對宮地支的不良因素就會加強，並影響了本命生肖。

例如屬虎的人會比較仁愛，有同情心，樂於助人；但若長期處於逆境，事事不順心，就會受到對宮生肖猴的不良影響，變得急躁和帶有攻擊性，並因此而惹來口舌是非，影響人際交往甚至和家庭成員的關係。

廣州出生的楊女士生於一九五〇年，生肖屬虎。她自幼喪父，加上家庭環境不佳，又得不到母親的關懷，因而很早就到社會工作，學歷只有小學三年級。

她為人比較性急，但個性友善純良，極有愛心和同情心，古道熱腸，樂於助人。只是從小到大，甚至結婚後，際遇長期都不理想，以致受到對宮申猴的不良因素所影響。

她變得過份心直口快，行動力太強，太講究效率，以致變得急躁和令身邊人都感到很大壓力。事實上，總體而言她和身邊朋友、同事、甚至部份家庭成員的關係也不算太好，有部份甚至反目成仇。

如果她的人生際遇比較好，相信會較多顯現虎人熱心助人、四海春風的美好特質。

但從另一方面來看，自身的衝突和矛盾並不都是負面的，有時必須有對立面才可令自己更加成熟和成長。根據中國《易經》陰陽的道理，這叫做相反相成。

例如八卦中的坎離兩卦，性質分屬水火，卻是相互為用。又例如乾坤兩卦，雖分屬天地，性質相反，卻透過互相溝通而化生萬物。故此，矛盾和衝突有時反可增加命主缺乏的特質，令命主更加進步和成功。

具體例子可參看第四章。

六沖兼剋　變化較大

六沖就是對立面，許多時對立面都是自己缺乏的特質。如果能夠適度吸取這些特質，是可以令命主的人生更上一層樓。

例如鼠生肖較為低調和聰慧，但可能會理性有餘而熱情不足。在人生較順境的時期，鼠生肖會適度吸收對宮馬生肖的熱誠和活力，做事風格也能更透明一點，更為他人所了解和認同，這能進一步提升鼠人的層次。此謂之坎離相交。

又例如虎生肖的人較重視仁愛和同理心，有時可能會流於濫情和不分是非。在人生較順境的時期，虎生肖會適度吸收對宮猴生肖重視公平和原則的特點，變得更加有理有節，情理兼備。這樣也可進一步提升虎人的層次。

六沖的關係可分為兩組，一組是沖中逢剋，一組是同類相沖。

沖中逢剋的生肖包括：

水剋火：子午、巳亥。

金剋木：寅申、卯酉。

我剋對宮的生肖，例如子鼠亥豬，通常自主性會高一點，受對宮影響的機會和程度也會比較小。即使是較為低潮的時期，也較能保持本命生肖的本質。

但如果是被對宮剋的生肖，例如午馬巳蛇，以及寅虎和卯兔，自主性會較低，受對宮影響較大；尤其是在較低潮的時期，更易受到對宮不良因素影響。

例如虎生肖的人本身的個性已較為強硬，在低潮時，會受到猴生肖的孤忌因素所影響，而變得更加不近人情，拒人於千里之外。而且作風會更為自我、主觀，也因此會招來更多的是非口舌，以及意料之外的障礙。

因此，被剋生肖的人生起伏變化幅度會比較大，順境時和逆境時的表現也較為明顯。

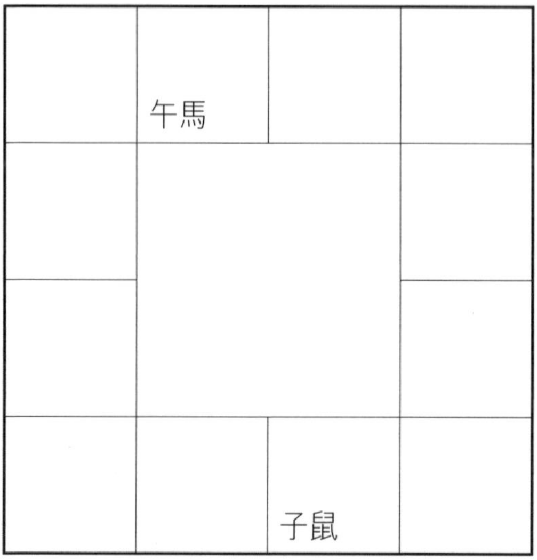

圖七：鼠馬六沖

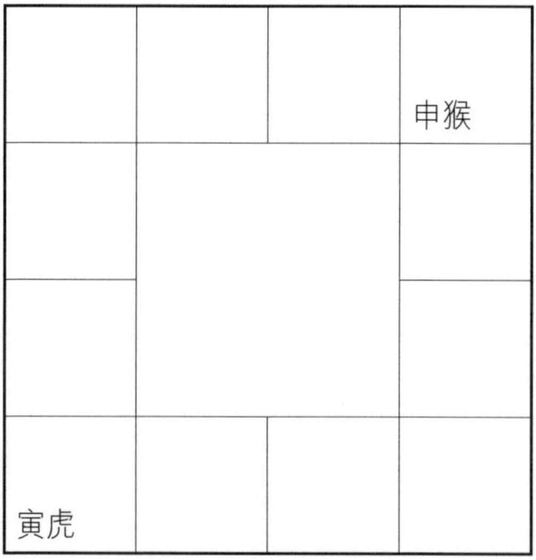

圖八：虎猴六沖

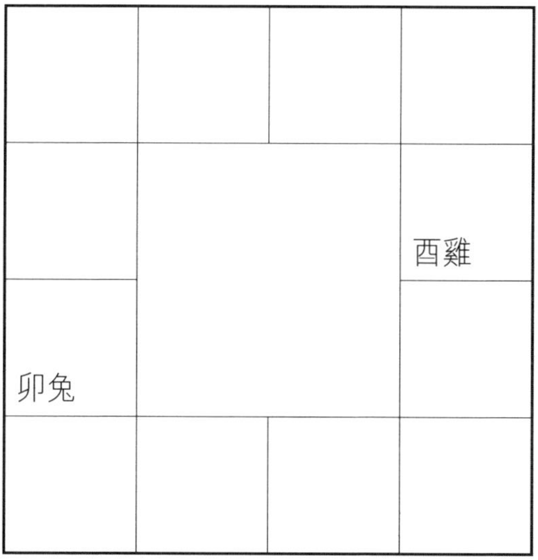

圖九：兔雞六沖

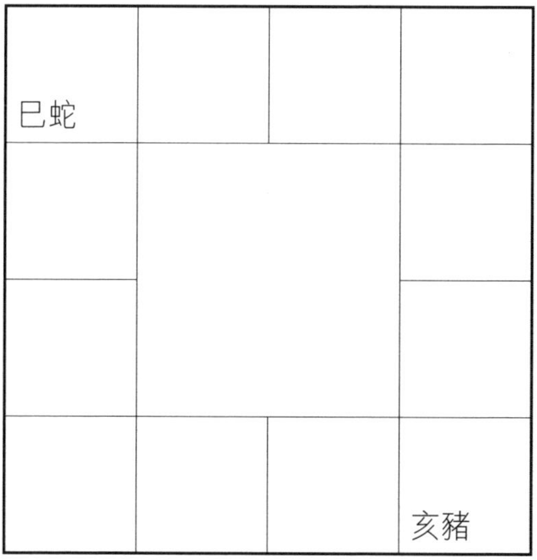

圖十：蛇豬六沖

四庫六沖　五行劇變

同類六沖的生肖只有四個，即牛羊龍狗。

這四個生肖的五行都是土，故稱為同類。土五行帶有穩定的特性，順境時，意志會變得更為堅定，對人對事皆會擇善而固執；但如果處於逆境，就會非常頑固守舊，食古不化。

此外，雖然五行皆屬土，但它們也分別是金木水火的墓庫，內藏大量的相關五行。故此，在人生順境時，兩個墓庫互相沖開，會同時將內藏的五行釋放出來，於是同時出現三種五行，可以為命主增添更多助力。

例如辰戌沖，辰是水庫，戌是火庫，故除了土相沖，也同時把水和火釋放出來，令命主突然擁有水五行的聰明幹練，以及火五行的熱情活力。

又如丑未沖，丑是金庫，未是木庫，除了土相沖，也同時把金和木釋放出來，命主突然擁有了金五行的剛毅果斷，以及木五行的仁愛堅毅。

此外，此四個生肖的地支皆是墓庫，帶有神秘和出世的性質。處於人生順境時，其靈感和直覺均會較其他生肖強，而且特別喜愛學習，這些知識和智慧都會為命主帶來利益。

但逆境時，對宮的消極因素就會加強自身的相關特質。命主會傾向社會邊緣，而且對神秘及非主流的事物過度沉迷，並可能因此而變得比較偏激和驚世駭俗。

而且在逆境時，由於自宮和對宮的力量不均衡，難以互相沖開啟動內藏的五行，故沒有順境時那種五行劇變的效應，而只是土五行相沖所造成的頑固守舊，許多事情也變得糾纏不清，遲滯多磨。

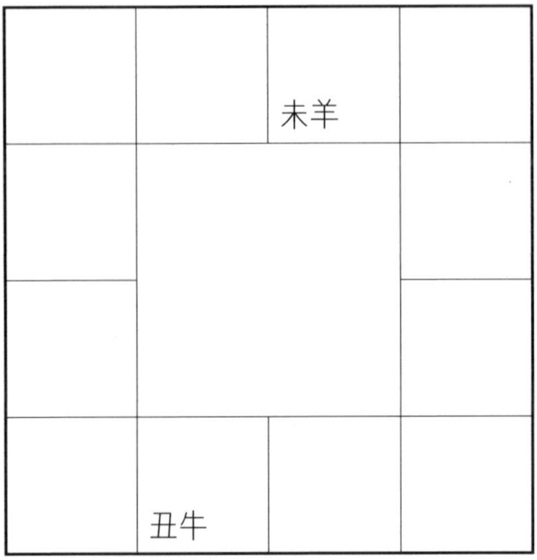

圖十一：牛羊六沖

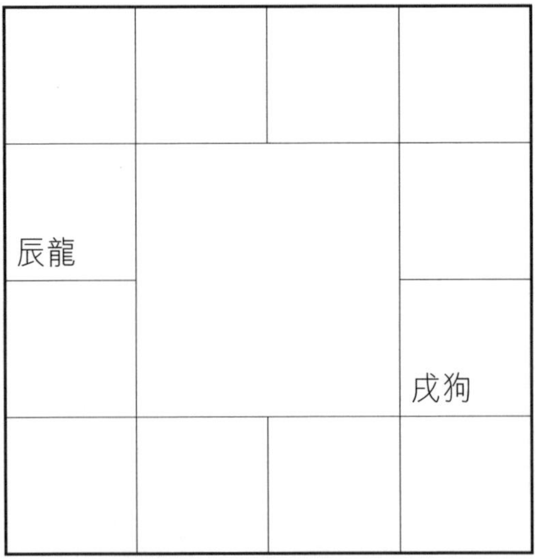

圖十二：龍狗六沖

從本章可以看到，要準確、全面和深入地挖掘出本命生肖的特質，必須從多角度切入。只要能好好理解本章內容，以後就不會見鼠只論鼠，見豬只論豬了。

具體例子可參看第四章。

第二章

破繹太歲密碼

生肖以立春為界

一直以來，傳統命理皆以立春為界去判斷一個人的生肖是什麼。這個概念對學習命理的人來說是很基礎的知識，只是還有不少人是以正月初一為界線，甚至連電視台也採用這個劃分法，非常誤導。

故此，有必要在本文中再次講一下這個議題。

簡單來說，眾人所理解的曆法可大概分為三種，一種是西洋曆法，每年的開始是一月一日。

第二種是陰曆，或叫太陰曆，是依據月亮運行規律來建立的曆法，每年的開始是正月初一。

第三種是有二十四節氣的太陽曆法，是根據太陽運行規律來建立的曆法，每年的開始是立春日。

傳統生肖就是以第三種曆法去計算。在立春日之後出生的是新一年的生肖，立春日前出生的就是上一年的生肖。

立春日具體是哪一天，每年都可能有不同，但必在西曆的二月四日或二月五日。

舉例，二〇一九年的生肖是豬，立春日是二月五日。如果是二〇一九年一月三十日出生，由於是立春日前，所以應屬於二〇一八年的生肖狗，而不是豬。

如果是二〇一九年二月六日出生，由於是立春日後，生肖就屬於豬了。

舉個實際例子，蘋果教主喬布斯（Steve Jobs）生於一九五五年二月二十四日，由於過了當年立春，故生肖是羊。如果他生於二月一日，那就屬於上一年的生肖馬了。

概念非常簡單，希望一般大眾不要再搞錯了。

年支的複雜象義

生肖究竟包含什麼意思，許多人其實搞不清楚，頂多是以模糊的吉凶作結論；但在古法論命中，年支生肖是含有許多重要、清晰而且複雜的象義。

一般的古書認為，年柱代表人的根本，可看出祖先和父母的情況。也就是說，年柱可看出一個人的家族及家庭背景。例如《淵海子平》認為，「年為根，為祖上財產，知世運之盛衰。」

不少子平命理愛好者都知道，年柱也代表故鄉或實際出生地點。命理師可以從命造的年柱推斷出和故鄉的緣份和互動。

但我在實踐當中，發現生肖的含意，遠遠不止上述這幾種。在多年的批斷中，我發掘出更多的生肖象義，有不少是過去從來無人或少人提及的。我甚至認為，有不少應該是無人發現過。

之所以無人發現，不是因為本人特別厲害，而是因為我比較重視古代命理技法，以及一些極度基礎的理論，並願意花時間和精力去研究。而且，在實踐時也會花較多的心力去總結經驗。

故此，有一些命理現象，許多人都會從日干系統的命理理論去總結經驗，有時會比較牽強。但如果撇開對生肖論命的成見，會發現其實只需簡簡單單地，就可以從生肖推斷出來。

按照我本人的經驗，不計入年干，純粹是生年地支，即太歲，就擁有十種象義。

十種象義又分為五大類，分別是人物類、地域類、精神心靈類、身體類，以及實物類。這五大類其實包含了精神和物質，自己和他人，以及時間和空間，絕非只是簡單的吉凶、是非、病災可以概括。

回看前面尚先生的個案（見25頁），我對其生肖的批斷便包含了人物、身體和實物三個範疇。

可以見到，年支的象義內涵非常豐富，涵蓋人生的多個範疇。如果能有效破繹和預測生肖的吉凶變動，就可對人生進行更深入的演繹，和提出更可行和針對性的改善建議。

還有三至四種象義，我目前還未能完全確認，有待進一步研究和證實。將來或會公開，讓各位一同驗證。

在後面的篇章中，我將會一一細述不同象義的內容和應用細節。

太歲揭示自我意識

命理上，太歲是年中天子，一國之君。那麼本命太歲，自然就是整個命格的天子了，理應處於核心地位。

天子是一國之君，其個性、價值觀及行事風格，絕對會影響一個國家的國運。同樣地，年支是一個命造的天子，其狀態也會影響到命造的吉凶及走向。而年支最核心的象義，就是命主的個性、價值觀及行事風格。

如果能斷準年支的個性特質，是可以對命造有一個比較準確的看法。不同生肖的個性及人生特質，可以參看《子平說秘》，在此不贅。

年支即太歲，可以代表一個人的自我意識。如果年支無沖合刑害，氣場又夠旺盛，代表其人自信心較強，個性相對會較為穩定。

如果年支的狀態並不太好，例如遇到沖合刑害，顯示在整個人生中，會長期存在缺損，而令自我意識變得不完美。

例如父母離婚或經常吵架，或父母與命主幼年時的關係不夠親密等等，都會影響命主的許多價值觀。

在個性方面，年支並不只是影響童年，而是貫穿整個人生。所以，與公司同事、生意合作伙伴、婚姻伴侶、兄弟朋友，以及子女晚輩等的關係，都可以在年支上反映出來。

故此，如果年支在原局被沖剋，顯示其人一生都懷有不少遺憾和不快，而且會帶着怨氣和憤怒，價值觀或行為風格也會與常人有所不同，且帶有偏激和非主流的傾向。

有一個個案是這樣的。廣東中山市有位潘先生，生於一九七二年，生肖屬鼠，生於午月。

中山市潘先生：

年柱	月柱	日柱	時柱
子	午		

這個命格是年月地支子午沖。按一般八字命理的法則，通常斷為早歲多變動，而且家庭不寧，父母關係不睦或多離散。此外，自己在三十歲前工作不順

利，經常轉工。

事實上的確如此，他在小學和中學時分別試過中途轉學校。父親需要到外地工作而長期離家。自己出來工作後也經常轉工，頗不順利。

若從年支角度來看這個子午沖，可以看出，潘先生在生活和情感上有許多的缺陷，和父母關係不夠親密，和同學的關係也因經常轉校而難以建立。工作後和同事的關係也是如此。

頻繁變動的環境，以及與他人較疏離的情感關係，令他本人帶有不少偏激和非主流的價值觀。許多時，他的觀點和行事風格都和主流社會格格不入，以致進一步激化了憤世嫉俗的特質。

然而，憤世嫉俗只是結果，其核心原因主要是情感缺乏，以致自我意識帶有許多遺憾。

如果他本人明白到這點，並加以自省和調整，相信對整個人生會很有幫助。

以上例子可以看到，在以十神為論斷主體之外，如果能加入年支作為參考，可以豐富整個批斷系統，也更能幫助命主認識自己，改善個性，從而掌握自己的命運。

本命年的迷思

每逢過年，坊間很多命理師傅都會大談本命年如何不吉利，以及為何本命年需要攝太歲，以致不少人都問我，是否本命年真的百害而無一利。

其實本命年根本不是百害而無一利，而是好壞參半。在某些情況下，更是大吉大利。

太歲年就是指和出生年一樣的生肖年，例如生肖屬馬，遇到馬年就是太歲年；生肖屬牛，遇到牛年就是太歲年，很簡單，所以太歲年亦叫做本命年。

本命年在古代叫做轉趾煞，不知從何時開始，本命年成了壞運惡運的代名詞。但民國袁樹珊寫的《命理探源》有講過：「如甲子日主，逢甲子流年，謂之真太歲，又名轉趾煞，顯官得之，其年必有君臣慶會之喜；士人得之，亦主云程進步。」可見，命理學家也有視本命年為吉利的年份，絕非一凶到底。

那究竟本命年應斷為吉，還是斷為凶呢？

這除了要參考整體命局，也要先弄清楚所謂本命年的性質。

太歲和自己的出生年重疊，命理上的正式術語是伏吟，有重疊、累積、擴大、分裂、突變等含意。究竟是吉是凶則還要參看其他的因素，但共同點是必定有所轉變，而且帶有點出人意表，以及是由舊事引申過來的性質。

《易經》豐卦的卦辭有云：「日中則昃、月盈則食、天地盈虛、與時消息。」意思是，太陽和月亮在極盛之後，就會開始轉弱。天地間的變化是如此，人事上的變化也是如此。

故生年太歲在太歲年是處於最強狀態，之後若能突破，就可以升華走向另一個階段。若八字組合吉利，則此年會有升職、結婚、生兒育女、開分公司等好運。

但如果在此關鍵時刻出錯，人生可能就會走向反面。若八字組合不利，此年會有身體組織增生如骨刺、腫瘤等，以及舊病復發、辭職、離婚或家宅不寧等問題。

而且，若本命年之時，命主已處於人生最高峰，那麼自此年之後，將會盛極而衰，逐漸走向下坡。有部份人如果不能急流湧退，更可能會因此而招禍，包括官司或疾病等等，甚至會有性命之憂。

此謂之「建功立業處，死於刀劍之下。晉爵得祿處，死於藥石之間。」

所以，古人云「太歲當頭坐，無福恐有禍」，其中暗藏的意思就是本命年乃可吉可凶，並非全是吉事；但也非一面倒都是凶事，需視乎其他因素而定。

但不論吉凶，通常都會有特別的變動。

在《子平說秘》中，我以前政務司司長唐英年為例，他生於一九五二年壬辰年，生肖屬龍，二〇一二年亦是壬辰年，是他的本命年。此年他參與香港行政長官選舉，其間鬧出僭建風波惹來官非，又傳出婚外情的醜聞，令到聲譽受損；而且最終大熱倒灶輸給事前無人看好的梁振英，此年可謂甚不吉利。

但此次失敗卻為後來擔任全國政協副主席鋪平道路。此後的發展一路風平浪靜，如此看來又未必是壞事。

以香港特區第一任首長董建華為例，他生於一九三七年丁丑年，生肖屬牛，而九七年上任時剛好是丁丑年，即是本命年的牛年，當年他就榮登特首寶座。

雖然之後幾年他的特首寶座坐得相當辛苦，但畢竟是香港回歸後首名特首，能當上此職確是他人生的一個高峰。

再以我本人為例，遠的不說，最近一次的本命年，對我來說也非常吉利，該年也有突如其來的機遇，過得甚舒暢，無任何不快的事情。在我的人生階段來說，此年還是我其中一個人生低位，所以無過剛則折的問題。

本命年吉凶的關鍵一點，就是在本命年，是否能德位相配，才位相配。此年必須全力裝備自己，改善不足之處，以期能突破自我，升上另一個平台。如果德不配位，才不配位，心志比天高，才德卻如地泥，則必定見凶。

所以，以後大家遇到本命年，千萬不要先入為主，自己嚇自己，以為一年不順，忐忑不安，甚至走去攝太歲；很可能因為擔憂和焦慮而白白浪費了一年的好光陰。

上一代的遺產

一個人的成長，永遠擺脱不了上一代的影響。

在成長過程中，不論喜歡還是不喜歡，總會持續接受來自父母或祖輩的價值灌輸。什麼是好，什麼是壞，應該做什麼，不應做什麼，這些似乎完全是自主的價值觀，其實是深受上一代的影響，而且其影響力可以貫穿整個人生。

因此，不論是幾歲大的小童，還是四十幾歲的壯年人，乃至於七八十歲的老年人，其價值信念，和行為準則，都會受到兒時父母或祖輩的價值觀所左右。

也有些是父祖輩帶來的實際影響，例如經濟狀況、父母的喜好及人脈關係等，也會無孔不入地影響其後代。

所以，有些人的成功，就是由於祖輩流傳下來一些有用的做人處世的哲學。

也有的是由於繼承了祖輩的技能，或者實質的遺產。

華人世界無人不知的李嘉誠，他本身是家中長子，在父親生病時已經在打工照顧父親和家人。父親去世時，曾經叮囑他要好好照顧家人，李嘉誠也答應一定會令家人生活得很好。自此之後他努力工作和創業，雖然和他本人積極向上的態度很有關係，但無可否認，一定和他身為家中長子的責任感有關，也和父親的遺訓有關。

當然，這些都是正面的例子，也有部份是反面例子，例如父親染上賭癮，影響到子女也喜歡賭博，或父母有嚴重疾患，遺傳到子女身上。

可以見到，不論好的壞的影響，不論本人願不願意，都會無可選擇地受到上一代影響。

這些影響，除了靜態的出現在原局上，也會動態地出現在流年上。二十歲的人受到的影響，和六十歲的人受到的影響，多少會有不同，而這些不同，是可以在命理上推算出來。

因為，在命理上，上一代無形的遺產，會儲存及反映在年支之上。年支的種類，與原局的關係，以及與流年的互動，都可以顯示出個人與父祖輩精神遺產的複雜關係。有關原理和方法會在第三章詳述。

年支斷父母長輩

學過八字基礎的人都會知道，年柱代表祖先或父母，如果年柱有吉星，就代表祖先或父母顯貴或富有。如果年柱有凶星，就代表父母或祖先成就平平，甚至中途凶死。

古訣《定真論》有云：「傷年不利父」，就是年柱代表父母的意思。但其實，除了父母，生肖還代表族中的其他長輩，例如舅父、叔叔、姑姐等等。他們的吉凶及變動，有時也可以從生肖中看出來。尤其在批斷流年方面，命主和父母及族中長輩的關係，以及他們自己的狀態，都可以從年支推斷出來。

經驗中，以年支在流年遇到六沖時，應驗程度最明顯。

顯示出來，常常是父母和長輩身體抱恙，或命主與他們減少接觸，或雙方關係變差。

有一位廣西的衛小姐，生肖屬牛。由於是家中的獨女，父母都很重視，但父母不太懂得管教，習慣了由上至下的訓話，而且有比較強的控制欲，所以雙方關係一直不算融洽，尤其缺乏一些溫馨的親情。

二〇一五年是羊年，也是衛小姐人到中年的時候。由於思想和生活都已相當成熟，因此對父母這種傳統説教式的相處模式，自然難再習慣，過去累積下來的許多溝通問題，一次過集中爆發。故這一年，她和父母的關係跌至前所未有的低點，幾乎要脱離母女關係。

幸好，臨近年末的時候，雙方可能都意識到自己的問題，大家的關係才開始慢慢改善，從低點回升。

和父母衝突是六沖生肖的一個應象。另外有些情況，就會是和父母長輩在地域上分離，例如移民，或離家到遠方工作等等。兩者都有同一個特點，就是和父母關係減弱。

最嚴重的關係減弱，是離開人世。故此，每逢遇到生肖逢沖的流年，即所謂俗稱的沖太歲，如果父母或親近長輩已患重病，就要非常小心了，因為此年可能是孝服之年。

例如前面提到屬兔的尚先生，在二〇一七年時，感情較好的一位叔叔就過世了。（見25頁）

如何判斷本地或外地發展

四柱命理中，判斷應否離鄉發展，通常看印星。印星為用，宜在本地發展，前景較好。若印星為忌，則應離鄉別井，遠離出生地，到外地發展。具體內容可參看《十神洩天機》。

另外一個看法，就是年柱。實際上主要就是看年支。

年支是宗祖之地，源流之始，人事上代表祖先，地理上就代表出生之地。

如果年支被沖，例如被月支沖，代表會離開出生地。如果不離開，仍留在原地生活工作，會有很多是非阻滯，難有發越之期，而且會過得不開心。

要留意的是，如果在某地方居住了一段時間，此地也屬於年支所管。故若年支在原局被沖，不只應離開出生地發展，也不能長期留在同一地點。每隔幾年時間，就需要遷移到另一城市，或至少另一區域，方可化解年支被沖的力量。

同一原理，若年支在流年被沖，有時也代表離開現居地，到外地居住工作。也有些情況，仍留在現居地，但到外地的機會較多，時間較長。

例如生肖屬龍的田先生，在二〇一八年戌年時，多次到外地旅行。在上一個戌年，即二〇〇六丙戌年，他剛從外地讀書回港，也是離開讀書的現居地。

相反，如果年支在原局被合，則代表適宜在本地發展，會有較多現成機會，不宜到處走動；如果貿然到外地發展，反而會處處碰壁。

怎樣看搬屋或裝修

四柱命理推斷家宅變動，例如搬屋買樓等等，通常看印星，以及《子平說秘》中提及的田宅宮位。

但在實際應用時，年支也可看到家宅或辦公地點的變化。

這點不難理解。印星有庇蔭的意思，家宅可以令人安居，不用餐風露宿，也有庇蔭的功能，故印星可代表家宅。

年支和印星一樣，可代表父母，同時也有出生地的庇蔭之意，故年支有時可作為田宅宮，體現出田宅的變化。

這些變化通常有兩種情況，一種是搬屋，包括從一個單位搬到另一個單位；又或者雖是同一單位，但從一間房或地方，搬到另一間房或地方。

另一種情況，是裝修。年支出現特別變化時，有時是表示家宅或辦公地點會裝修，例如換窗換地板，或拆牆換柱等等。

這個法則在原命及流年時都套用得上。

例如前例中山市潘先生（見79頁），原命年支是子，月支是午，形成子午相沖的組合，故在小學和中學階段分別換了一次學校。早期在社會工作，也比較頻繁地轉換工作。

在批斷流年時，通常在遇到本命年或六沖本命年時，徵驗會比較明顯。

如前例的田先生生肖屬龍（見95頁），他在二〇一七年雞年時曾短暫搬出原來居住的單位，其後在二〇一八年初，即戌年時，家中進行了小型裝修，換了地板，置換了部份傢俱，粉飾了一下牆壁，然後重新入住。這一年正是原命辰和流年戌形成六沖。

而在前一個本命年，即二〇一二壬辰年，他剛剛轉換工作，應驗了變換工作單位之象；再前一個六沖年，即二〇〇六丙戌年底，他也是剛剛在外地讀完碩士課程，然後回港居住，這也是田宅宮變動的現象。

香港特首林鄭月娥生於一九五七年，生肖屬雞，二〇一七年一月競選行政長官時，曾從政務司官邸搬到私人屋苑。在當選後，就先花兩個月時間裝修，然後再搬到禮賓府居住。二〇一七年正是雞年，是其本命年。

實踐中，這些例子很多，讀者可自行驗證。

太歲是上司化身

本命太歲有尊貴之意，所以可代表父母、長輩等等。在社會上，則代表工作單位的上司。

在十神系統中，一般以官殺星及印星代表上司，具體內容可參看《十神洩天機》及《十神啓示錄》。不過，有時某些特質是官印星都無法體現出來，尤其是流年，往往官殺印星都無特別變化，但上司的狀態，及命主與上司的關係卻發生大變。例如上司離職，或與上司出現矛盾等等。

這時就可以參考年支，往往會有出乎意料的收穫。

之前提到，屬兔的尚先生在二〇一七年，被上司委派處理公司的裝修事務（見25頁）。一開始本來無大問題，但到了二〇一七年底，兩人因意見不合以及程序問題，令各自都對對方有意見，直至二〇一八年初，尚先生和上司的關係更因此事而變差，即使裝修工作已完成，雙方關係一直再無改善。

此例中，就是年支卯和流年酉形成六沖兼相剋的關係。

另外有一位家住九龍的林先生，生於一九七八年，屬馬，長期在一家家族企業內從事會計工作。二〇一八年時，舊上司退休，創辦人退隱，由第三代接任。新人接任後厲行改革，但有些過份急進，以致郭先生的工作壓力非常大，而且很不開心，情緒低落。

此年，林先生的生肖馬在流年戌入墓，可象徵上司退休或離開。同時，年支又代表自己，自己入墓，也代表在此年心情不佳，暮氣沉沉。

對於創業做生意的人來說，年支代表自己公司，以及董事會或股東等等，都是對自己有制約能力的人或組織。如果年支被沖，表示會與董事會或股東等發生衝突。

蘋果教主喬布斯（Steve Jobs）生於一九五五年，生肖屬羊。他創立了蘋果公司，但後來被董事會成員以及許多員工認為阻礙公司發展，面臨被逼宮的龐大壓力。

一九八五年他憤而辭去董事長職務，賣掉大部份股份，另起爐灶成立新公司。此年生肖屬牛，和他的本命生肖形成六沖，故此被迫離開公司。

要注意的是，從人生階段來看，太歲代表上司或公司核心領導層的論斷，只在踏入社會工作後才可應用。在童年及晚年退休的階段，就不能應用此象了。

幼童在學時期，年支就可以代表校長或班主任。讀者可自行驗證。

怎樣批斷整容或破相

愛美是人的天性，古今中外，男女老幼都千方百計去改善提升自己的外貌。

年支是尊貴的意思，人體中最尊貴的部位就是頭部，故年支也代表頭面部位的外貌。如果年支受流年牽引而發生變化，往往代表頭面部份也會相應有變化。

有些變化是自然的，例如變肥變瘦，面部皮膚變差或變好等等。

有些變化是損傷性的，例如因外傷而出現破相。其中一個比較準驗的組合就是年支和月支相沖，如果兼月支五行剋年支的，機會更大。

前例中山市的潘先生（見79、97頁），原命年支子和月支午相沖。雖不是年支被剋，也應驗這條原則。他在幼年時，有一次走在街上被鋭物擦傷額角，並留下明顯的疤痕。

另外有一種面貌的變化是人工性質的，就是整容了。現今科技先進，許多不同的整容技術出現。許多人就算未必大整容，也可能試過微整容，這些變化有時可以在年支上看得出。

比較主要的變化組合主要有四種：

一：本命年

二：六沖年

三：六合年

四：三刑年

例如生肖屬鼠的，在鼠年、馬年、牛年，以及兔年都有機會接受不同程度的整容手術。

在這四大組合中，在六沖年和三刑年整容風險會較高，整時容易出現問題，或過程不順利，或不徹底，或留有後遺症，又或者整容之後運程衰落。

本命年整容則有吉有凶，要看具體情況和其他命理組合而定。唯獨在六合年整容，成功的機會會較大，而且對之後的運程也較有幫助。

香港近年比較出名的整容事件，就是前港姐吳文忻的例子了。她在二〇〇六年十二月，到韓國接受多項整容手術，並公開全過程。雖然過程比較痛苦，而且手術後也有點問題，但她從中得益頗多。首先馬上從美容院方面得到百萬整容代言費，之後工作亦比較順利，且據説桃花也甚多。

吳文忻出生於一九七五年，生肖屬兔，二〇〇六年生肖屬狗，形成卯戌六合。她在此年年底整容，正應了此象。

另外，之前提及屬兔的尚先生（見25頁），在二〇一七年卯酉相沖年，去接受了日本正骨術，調整了部份頭面骨骼。其後在二〇一八年底，即卯戌相合年，又去接受了一次正骨術。兩次手術都圓滿，只是二〇一七年時因事拖延了一段時間，總體而言無大礙。

整容或破相還有一種組合，就是生肖五行被剋。例如生肖蛇、馬在豬、鼠兩年機會較大，因為五行火被水剋。生肖虎、兔在猴、雞兩年機會較大，因為五行木被金剋。

至於土系生肖，則按其墓庫性質而定。例如生肖戌狗，由於是火庫，故在水系生肖即豬、鼠流年出事機會大。

太歲掌管財運

在八字上看財運，一般都很重視十神中的財星。若原命或流年財星較旺，一般可斷為財運較好。一般而言，正財星旺代表正財較旺，偏財星旺代表偏財較旺。具體細節可參看《十神洩天機》及《十神啓示錄》，在此不贅。

有一個秘密許多人都不知道，就是原來本命生肖也代表財富。如果年支氣勢較旺，又無沖破，即使財星不旺，也代表會有一定的財富。

反之，如果年支不旺，又被原局或流年的地支沖破，即使財星很旺，也代表花費較多，整體的財富水平會打一個折扣。

由於在原命局中，月令的影響非常重要，故比較容易理解的一個組合，就是年支得到月令的生助，或與月令同一五行。

舉個例子，若丑年出生，月令是火或土，例如巳午戌月等，年支就比較旺，代表命主會有一定的財富底子。

相反，如果是卯年出生，月令是申酉，年支被剋沖，若無其他地支的生助，則表示氣勢較弱，代表命主的財富水平大打折扣，又或者會經常性破財。

為什麼年支可代表財富呢？

前面已講過，年支的涵義包含了精神和物質。

一：精神上可代表個人性格及價值觀

二：物質上可代表個人肉體及其健康

只有精神和物質的結合，人才是真正的人，否則只是一個靈魂或一具無生命的肉體。

而一個人要生存在世上，亦必須要有財富。《三命通會》云：「財是養命之源」。故此，年支亦自然代表着財富和享受。

根據經驗，年支的財富不涉及投資理財之類。故此，如果看一個人是否投資得利，就不能看年支了。

年支既代表父母家族，又代表財富，故也代表遺產。一個人能否承繼豐厚的遺產，何時承繼，有時必須參看年支的狀態。

不過，從年支看原命的財富有時不太明顯。故在實際應用時，此效應多在流年反映出來。

至於如何判斷，會在後面的篇章詳細披露。

怎樣批斷疾病

疾病及意外，一直是命理極度關注的重點。過去較少從太歲生肖的角度去研究，以致錯過許多珍貴的秘訣。

太歲代表尊貴，人體最尊貴的莫過於頭部，故此年支代表頭部和有支撐功能的頸部。如果年支太歲受到流年影響，就會特別容易在頭頸部位出現病變，以及意外災厄，甚至會動手術。

有時病位也包括整個上半身，包括肋骨和腰背部等等，但一般以頭頸部位較為嚴重，有疾患的機會也較大。

實際批斷中，以流年六沖生年太歲的影響較為明顯而且劇烈。

前面提到廣西的衛小姐（見92頁），她屬牛，在二〇一五年羊年時，生肖和流年形成丑未六沖。此年除了與家人關係不睦，自己還患上了嚴重的水痘，病情集中在上半身，當中又以頭面和胸頸部位最嚴重。

另外有一個個案，是年過四十的田先生。他生肖是龍，二〇一八年是狗年，和本命生肖形成辰戌六沖的關係。當年下半年時，忽然有一晚發現雙眼視物模糊，看書或近距離的東西時，竟發覺難以聚焦，在疲勞時更嚴重，休息足夠時則問題較輕微。這明顯是早期的老花跡象了。

還有一個個案，是年過五十的袁女士。她生肖是兔，在二〇一四年時患上鼻咽癌，此後一直接受中醫及其他另類療法，雖無法根治，但總算減慢了病情惡化，中間甚至一度接近痊癒。

但去到二〇一七年雞年時，形成卯酉相沖，該年病情急速惡化，頸部腫瘤明顯腫大，令她及家人都非常擔心而且沮喪。

後來在二〇一八年，即生肖和流年形成六合關係時，她決定接受西醫治療，最終痊癒。

這裏不是要推介西醫、貶抑中醫或其他療法，只是說明流年對原命生肖的影響。如果之前一直在接受西醫治療，在二〇一七年時，她一樣是會病情惡化的。所以，讀者應明白此段的用意，切莫以之為醫療方式抉擇的準則。

另外，美國影星阿諾舒華辛力加，生於一九四七年，生肖屬豬。在二〇〇一年蛇年時，與本命形成巳亥六沖，該年因電單車意外而斷了六根肋骨，病位正是在上半身。

當然，六沖生肖未必全是災病，也有可能僅是手術，而且嚴重程度也因人而異，因年紀及性別等因素而異。

例如前面提到屬兔的尚先生，在二〇一七年，則僅是接受了日本的正骨手

法治療，隱隱作痛了幾日而已。（見25頁）

所以，人到中年開始，凡是生肖和流年形成六沖，就要多注意頭頸部位或上半身的健康了。如果本身健康狀況已不太好，則更要打醒十二分精神，多加攝護了。

第三章

批斷流年秘訣

批命需重視人生階段

許多人批斷流年運程，都忽略了人生階段這個重要的框架。事實上，人在不同的階段，會有不同需求，對事物的看法也會有差異。例如同樣是破財的組合，童年的破財、中年的破財、晚年的破財，難道性質都是一樣？對命主的影響，難道也是一樣？

具體一點來看，童年的身體狀況、中年的身體狀況，以及晚年的身體狀況，就有極大差別。兒童跌一跤很小意思，老年人跌一跤則是可大可小的事。

例如驛馬星代表變動，如果遇到吉星，可以代表升遷或進取等美事。《三命通會》談及驛馬星時，卻特別提到兒童和老人家不宜見到驛馬星，否則不利。

它說：「小兒老人不利見馬，小兒十二歲以前、三歲以上，或馬遇小運、太歲沖或臨官馬，遇多主驚病顛仆之厄。老人五十以上，或運與太歲乘之，主氣虛腰痛、腳痛之患，亦如老人祿遇，病多吐食之類。少者見之、多發病，蓋老少並不堪乘馬，以馬在五行中為動躍之神故也。」

意思很簡單，就是兒童和長者身體較弱，不堪受到驛馬星的折騰，容易因此而患病。

另外，傳統談及辰戌丑未四墓庫的吉凶，主要分為有氣無氣，但其實也要視乎命主正在哪個人生階段。

《三命通會》云：「幼年不宜逢墓庫，老年值此卻豐隆。」意思即是，墓庫帶有收斂的煞氣，幼年正宜奮發成長，和墓庫的氣場不吻合，會窒礙成長，故云不宜。

但老年人正適宜藉此機會保養身體，寡欲少思，以安享晚年。這正是孔子所云：「及其老也，血氣既衰，戒之在得」的精神。若無凶星夾雜，則和墓庫的氣場會較為相應，反而可以安樂，故云豐隆。

實際預測時，這個原則非常重要而且十分準確。

如果是極旺的運，對中年人來説，是很吉利的徵象，因為符合人生發展歷程；但對老人家，尤其是長期患病，又或者已年屆高壽者來説，則非常危險，因為不符合人生發展的歷程，這時往往是大去之期。

故此，如果以同一個命理組合，僵化地套用到人生的不同階段，其批斷很容易有偏差。

童年青年關注成長

人生階段一般劃分為童年、青少年、中年、晚年等等，至於具體年份，則不同切入點會有不同標準。在八字命理中，不同系統也會有不同的劃分。

例如原局四柱的年限劃分法，每一柱代表十五歲，那麼年柱一至十五歲代表童年，月柱十六至三十歲代表青少年，日柱三十一至四十五歲代表中年，時柱四十六歲之後代表中晚年。

而在生肖論命法中，則應以所謂的本命年作為劃分的起始點。

理由是，本命太歲代表自我，每十二年一次的重逢，代表自我得到根本性的提升，並進入人生另一個層次。故此，以本命年劃分的方法，會比較合理。

表一：生肖論命劃界法

年歲	人生階段	主要應驗事項
一至十一歲	童年	學業、健康、成長。
十二至二十三歲	青壯年	學業、健康、成長、戀愛。
二十四至四十七歲	中壯年	事業、財運、婚姻、子女、死亡。
四十八至五十九歲	中晚年	事業、財運、婚姻、子女、死亡。
六十歲過後	晚年	健康、子女、死亡。

第一個階段，嬰兒在身體和智慧方面都急速發展，以極快的速度與世界發生連接。而與此同時，也和原生家庭的父母兄弟保持緊密關係，並透過與他們的互動，探索人與人之間相處的最佳模式，並找到精神和肉體不斷成長的原動力。

所以這個階段中，學業、健康和成長是論命的主要探討對象。

舉例來說，同樣是財星，在這階段，既可代表父母的收入增加，也代表自己有比較豐厚的物質享受，例如有很多玩具，可以經常吃喝玩樂，可以坐飛機到處旅遊等。

不過，若是批斷兒童及青少年的命格，則應集中研究是否可以讓他們在較理想的環境下成長，以及對未來的發展發揮什麼樣的基礎，而並非如成年時期般聚焦在是否能安身立命，以及養家活兒的實際功能。

另外，這個階段很重視父母的狀態和對命主的影響。他們之間的關係是否密切，互動是否良性等等，都是很重要的批斷重點。

中年需全方位關注

當人的身體機能和心理都相對成熟時，就會開始正式踏入社會，接受工作、戀愛、人際交往等挑戰。到了三十多歲開始，開始成家立室，父母年紀又漸大，自己身上的責任就開始重大。

這個階段，需要面對全方位、多層次的問題。而且問題之間環環相扣，關係緊密，而且有時變化快速。所以，對成年人的命理批斷，是極其複雜的事。

這階段有幾個批斷重點，首先是命主本人的意志和能力。因中壯年時，人基本上是全靠自己的能力去處理各種挑戰。本人的能力強弱，以及情商和智商能否擔得起重任，是命格批斷的重點。

其次，此階段應重視和父母及家族長輩的關係，以及他們的健康。中年人有自己的想法和觀點，一般來說，受長輩影響的程度已逐漸減少。但是，如果上一代較為健康和富有，那麼他們對命主的影響仍然是不可輕視的。

例如在擇偶方面，如果雙方父母有一人強烈反對，恐怕姻緣難成；即使勉強結合，也影響了整個家族的融洽。

在購置房屋方面，現時多了許多父母代兒女支付首期的情況。可以想像，如果和父母關係不融洽，中年是不容易過得愉快的。

中壯年是指二十四至四十七歲，在四十歲左右，父母已陸續踏入六十歲，他們的健康就成為子女的關注重點。

這段時間若出現生肖被流年六沖，就要多注意他們的健康。如果他們本身已不太好，就要高度關注了。

香港的陳先生生於一九七六年，生肖屬龍，長期從事資訊科技工作。在二〇一八年時，父親因癌症接受治療，期間多次出入醫院，最後不敵病魔而去世。

二〇一八年屬狗，和本命生肖相沖。陳爸爸在前一兩年身體已經在走下坡，所以在二〇一八年遇到沖剋時，情況就變得急轉直下了。

晚年首重健康

人生到了晚年，最容易出問題的，就是身體的健康，當中也包括心靈是否健康。

《禮記．王制》說，人生「五十始衰，六十非肉不飽，七十非帛不暖，八十非人不暖，九十雖得人不暖矣」。

所以，晚年時期，以護養身心為要務。故在命理批斷時，應特別重視批斷健康。

第一章說過，年支主要代表頭頸部位以及上半身。任何人生階段，如果生肖遇到不吉利的流年，就要多注意頭頸部位以及上半身。

對身處晚年的長者而言，年支有更重要的意義，是代表整個生命的機能。

愈是年紀大，或身體質素欠佳的長者，就愈應注意整體的健康，而不是僅僅關注上半身的問題。

楊女士生於一九五〇年，生肖屬虎。中晚年開始身體狀態就明顯走下坡了，出現明顯的心臟不適、頭暈易累、低血壓及夜睡不寧等問題。大概六十歲開始，行動已有點不便。

二〇一六年，流年生肖是猴，和楊女士的本命生肖虎形成六沖。當年接近年末的時候，楊女士忽然患上帶狀疱疹，以頸部最為嚴重。這是完全符合年支為頭頸的法則。

不過，由於楊女士本身健康已不太好，故和年支六沖已不只影響頭頸，應還影響其他問題。其後去到二〇一七年十月，楊女士忽然心臟不適，送院後不治。

當然，二〇一六年和二〇一七年的問題，還需結合其他命理因素一併考慮，絕不是簡單地見到六沖就可下判斷。

但人生到了晚年，而且本身健康狀況欠佳者，若年支被六沖，就要比較注意。因為這不止代表和父母長輩的關係，也不止是上半身的健康問題，而是代表生命可能會受到比較嚴峻的考驗。

本命年可提升自我

要了解本命年的真正意義，就要先了解本命生肖的意義。因為本命年其實只是本命生肖在流年再次見到自己。

一個人呱呱墮地，隨即要面對完全陌生的世界。陌生的環境、陌生的聲音、陌生的人物，對命主來説都極其新鮮，但又極具挑戰性。在不斷與外界的互動中，命主逐漸認識自己，並建立起自我的意識，培養出屬於自我的能力。

隨着經驗累積，命主的人生經驗和身心狀態理應會不斷提升。但實際上，這個提升並不是一條直線，中間是彎彎曲曲，甚至有所倒退，有些年份會較快，有些年份會較慢。

在命理上，影響提升速度的因素有好幾種，其中一個比較準確又容易理解的正是本命生肖的回歸，也即是本命流年。

每一次本命生肖的回歸，就是對自己的一個加持，令命主可以再次認識自我。而且，走過十一年的人生旅程後，在本命年可以來一個總結，就像是公司的季度、半年度或年度總結一樣。所以，許多時本命年是個人成長的重要年份。

這裏再次援引前述廣西衛小姐的個案（見92頁）。她生肖屬牛，雖然學歷高，外型亮麗，擅於交際，朋友眾多，但實際上非常缺乏自信心。在第一段戀情中，與其男朋友的關係並不對等，而是採取了比較低的姿態。

不幸地，拍拖期間男朋友竟然出軌，而且對她也不好。她後來也認為，這個初戀男朋友已達到渣男的級數。

不過，當時她選擇啞忍，期望自己做好一點，令男朋友回心轉意。

可幸，到了二〇〇九年，情況有了變化。當年生肖也是牛，正是衛小姐的本命年。在長久的壓抑中，她逐漸理解到問題所在，正是自己自信不足，以致被錯誤的戀愛觀所影響。

當年她終於下定決心，主動提出與男友分手，重新過自己的生活。自此之後，她對自己的信心有所提升，在日後的戀愛關係中，終於可以和男朋友處於一個比較平等的互動關係。

因此，二〇〇九年對衛小姐來說，絕對是人生成長的一個關鍵年份。

另外，本命年時，由於生年太歲也代表財富，故若無其他地支損傷，當年的財富運可能會明顯改善。以本人為例，我在過去兩個本命年，收入都有比較明顯的增長。各位讀者可以自行驗證。

不過，這是中壯年的本命年特徵。對於兒童期和長者期的命主來說，批斷重點會有點不同。

首個本命年是成長重點

自出生之後，所有人遇到的第一個本命生肖回歸年，即本命年，就在十二歲。這個時期，正值兒童和青少年之間的過渡期。

這一年，大部份人都正就讀小學六年級或初中一年級。他們即將或剛剛踏入青春期，身心發生較大的變化。而且將面對不同學校，不同學習階段，以及幾乎全新的同學。更重要的是，他們開始面對着人生另一個階段的成長挑戰。

這一年，他們的角色、身份和環境等因素都接連出現變化，令他們逐漸認識到自己的責任和權利，對許多事物也會有更新和更成熟的看法。

在許多方面，他們會更頻繁地問為什麼，更頻繁地向父母及其他人表達自己的意見。用一句說話來概括，就是他們愈來愈成熟了。

有一個香港的個案，是關於一位姓李的小女孩。她生肖是狗，二〇一八年正是本命年，在二〇一七年十二月正式踏入了青春期。身體上帶來的變化，以及升上中學帶來身份的改變，令她有點措手不及，脾氣也比之前大。

不過，其父母皆明顯看得出來，小女孩比之前更加成熟，而且更有自己的主見了。這點正是本命年帶來的影響和改變。

這方面實在不需要舉太多例子，因為為人父母者，或家族中有小朋友的人，對此都會有比較深刻的印象。

由於此年是成長的重要年份，故父母的關懷和教導就特別重要。教導得好，本命年的力量就轉化為自信並提升，為日後的成長奠定良好基礎。

若教導得不好，本命年的力量就會轉化為傲慢、反叛和衝動，為日後的成長帶來不良影響。

本命年可斷死期

正如之前所說，晚年的批斷重點是健康和壽命。四柱斷壽命有不同的訣竅，但在生肖論命法中，年支和流年形成的關係也是判斷壽命的重要元素。

晚年的本命年，也是再次遇見自己，但按照人生發展的藍圖來看，一個人至此已從人生高峰滑落，並復歸於平淡。他們受到體力和經驗的限制，已經無法再次超越自己，也無法再在目前的基礎上提升自己。

如果有，這個自己則可能是未生時的本源。那麼意味着，本命年正是人生旅程的結束，並重回未出生時的世界，從另一個角度回顧自己的一生。

也就是說，如果年紀已到高齡，而且已經較長時間處於退隱階段，流年遇到本命年就有可能是生命的關口了。不過，本命年的生命關似乎以壽終正寢居多，比較少是橫死夭折之類，而且過程會比較自然和舒服。

以漫威漫畫之父Stan Lee為例，他生於一九二二年，生肖屬狗，在二〇一八年狗年，本命生肖再次重逢，最終他在此年病逝，終年九十五歲。Stan Lee享譽國際，成就斐然，理應沒有太多遺憾。近幾年身體抱恙，加上年歲已甚高，故在本命年逝世，也是自然之事，對人生也是一個比較圓滿的告別。

另一位華人世界比較有名氣的曆法大師蔡伯勵，也是生於一九二二年。他在中國傳統曆法等方面也有很高成就，而且同樣是很高壽，最終也是在二〇一八年狗年的本命年壽終正寢。

當然，要更加確切地預測大去之期，不可以只看生肖，必須綜合參考其他因素，才可避免以偏概全的弊端。

也千萬不要看到老人家遇到本命年，就貿然作出相關批斷，以免增加無謂的心理壓力。此年稍為多加注意健康，保持身心舒暢即可。

迎太歲的秘密

坊間談到生肖或太歲時，基本上只提及本命年和犯太歲等等，極少提到有迎太歲這回事。但其實，迎太歲相當重要，值得所有人關注。

太歲號稱是「年中天子」，故太歲年就是天子在位之時，有至高無上的權威，行使至高無上的權力。

既然有在位，那就有退位和即將登位。

退位就是旺氣剛過，不再享有無上的權威，也不能行使至高無上的權力。如果是剛退位，則權力會有所下降。例如本命生肖是鼠，流年生肖是牛，鼠年在上一年是本命年，但在牛年，則是牛生肖擔任年中天子，鼠的生肖退位，從階段性的高峰滑落了，不能再行使至高無上的權力。但由於是剛退位，所以也有一定的權威。

如果已退位一段時間，例如牛的流年，本命生肖鼠是剛退位，豬是已退位一年，狗是已退位兩年，雞是已退位三年。於是鼠的氣場最旺，豬其次，狗再其次，雞再其次。

反過來，同樣是牛的流年，由於下一年就到虎年，故生肖虎是處於即將登帝位的狀態，充滿勃勃的生機和強大的能量，此謂之迎太歲。可以看到，迎太歲的生肖是不可忽視的。

而且，本命年是處於高峰狀態，類似《易經》「乾為天」卦上九爻，亢龍有悔之弊，可吉可凶。但迎太歲則是將旺未旺，有《易經》「乾為天」卦九五爻的意象。

此爻的爻辭是「飛龍在天，利見大人」。爻位至中至正，非常吉利，有利於一展抱負。

這一點，讀者可以用自己的生肖驗證一下。當然，具體流年吉凶，仍要參合其他因素而定，切莫以偏概全。

超級本命年可呼風喚雨

坊間所講的本命年，只有一種，就是原生生肖和流年生肖重疊。

其實本命年還有另一種模式，就是生肖地支的藏干主氣在流年透出。再簡單一點來説，就是地支藏干主氣和流年天干一樣。

例如子鼠的藏干主氣是癸水，遇到流年天干是癸，也算是本命年。

又例如寅虎的藏干主氣是甲木，遇到流年天干是甲，也算是本命年。

表二：地支藏干

地支	主氣藏干
子	癸
丑	己
寅	甲
卯	乙
辰	戊
巳	丙
午	丁
未	己
申	庚
酉	辛
戌	戊
亥	壬

這種地支主氣等同天干的説法並非新事物，許多傳統術數如大六壬占卜術等都是沿用這套規律。

其好處，是可以解釋到某些並非傳統本命年的年份，為何又會有本命年的特質。而且，解釋了為何個別的本命年，比其他本命年的特質更加明顯。

美國總統特朗普生肖屬狗，二〇一八年是戊戌年，也是屬狗，這是傳統的本命年。但這年的天干是戊，正是戌狗的藏干主氣透出之時，於是形成天干地支皆是本命年的組合。

這個干支同時是本命年的年份，我稱之為「超級本命年」。

這一年，特朗普在國內國外呼風喚雨，成為了地球上權力最大，影響力最大的男人。相信他本人的自信心和自豪感也膨脹到前所未有的程度。

神奇的是，美國前總統奧巴馬的人生高峰也和超級本命年拉上關係。他生於一九六一年，生肖是牛，其超級本命年正是二〇〇九年己丑年。

他在二〇〇八年迎太歲的年份，由一位年輕的參議員當選成為美國首名黑人總統，並在二〇〇九年正式就任。這一年，他的自信心和自豪感同樣達到了前所未有的高峰。

超級本命年很多人一生只會遇到一次，少數人可以遇到兩次。但由於身心狀態所限，遇到第二次或第一次時，要不就是太年輕，要不就是太衰老，能發揮的空間都有限。

只有遇到一次時，通常身心狀態會比較好，這一年是人生其中一個關鍵年份。如果能把握得好，會是人生的一個高峰。

本命六沖主分離

六沖是十二地支的其中一個重要課題，內裏包含着極為豐富的意思。

六沖有數理上的依據。《三命通會》云：「地支取七位為沖……數中六則合、七則過，故相沖擊為煞。」即逢六則合，逢七則沖，這是從數理上講六沖的不吉。

在方位上，凡地支形成六沖，則意味着六沖的兩個地支會形成一百八十度的直線，有正面沖擊之意，也是以不吉為多。

故傳統上六沖可代表分離和破壞。

先說分離。年支代表父母，以及上一輩的影響，故本命六沖的年份，代表與父母及家族有分離之事。輕微的就是與他們有糾紛矛盾，嚴重一點的就是見面減少，甚至離鄉別井。

有些本來同住一屋者，可能會搬出自己獨住。

六沖又有破壞之意，故本命六沖的年份，要多留意父母或族中長輩的健康。這些要點在之前的篇章已有論述到，詳細例子就不再舉了。

六沖又有分輕重。又沖又剋的比較嚴重，同類相沖的比較輕微。

又沖又剋的類別：

- 卯酉沖，是金剋木，卯受傷嚴重。
- 巳亥沖，是水剋火，亥受傷嚴重。
- 寅申沖，是金剋木，寅受傷嚴重。
- 子午沖，是水剋火，午受傷嚴重。

同類相沖的類別：

- 辰戌沖，是土沖土，平分春色。
- 丑未沖，是土沖土，平分春色。

不過，同類相沖也有強弱之分。靜者為弱，動者為強。例如若本命年支是辰，遇到戌流年，戌動為強，辰靜為弱，故辰受傷較嚴重。

故在批命時，當看到地支相沖時，就要按上述的原則去判斷強弱吉凶了。

六沖多破財

年支掌管財富，而六沖就代表分離和破壞，故六沖的年份通常會破財。這個訣竅其實很簡單，但很多人都忽略了。

此法則在原命局及流年都用得上。

例如原命局年支被月支或日支沖，若無三合六合化解，可代表幼年家中經常破財，或家庭開銷很大，耗財嚴重。

要注意的是，年支被沖所代表的家中破財，只是純粹破財，但不代表家裏整體很貧窮，兩個是完全不同的概念。

很多中產家庭都富裕，但開銷往往很大；很多貧窮家庭境況不好，但開銷卻很少。

故此年支被沖，只代表開銷大或破財嚴重，卻不代表整體財富水平。這點要分得很清楚，千萬不要一看到命造年支被沖，即斷為幼年家境不好，很有可能會踢到鐵板。

同樣，在遇到六沖流年時，也代表這一年開銷很大，或因特別原因而破財。而且，這些原因通常無關乎投資理財，例如股票債券買賣等等。

當然，實際應用中，並不是到了六沖年才破財，過後就立即無事。有時是在六沖年前一年已開始破財，六沖年之後的幾個月至一年內也是如此。此乃《五行生剋賦》所云：「火未燃而先烟，水既往而猶濕」之意。

前面提到的尚先生（見25頁），之前一直有買樓自住，在二〇一六年初賣掉自住樓宇，年中開始租屋住，一直到二〇一八年初才再次買樓自住。故此在整個二〇一七年，大半個二〇一六年和四分一個二〇一八年是租樓住。而二〇一七年是酉年，和他的年支卯形成六沖的組合。

六沖有時並不代表整體開銷大，而只是某一方面的花費明顯增加而已。例如前面提到的田先生（見95頁），生肖屬龍，在二〇一八年狗年時形成辰戌六沖，此年頻繁外遊，次數是歷年之冠，故花在這方面的開銷也比較大。

然而，此年田先生的收入也有所增加，而且另外有些生活開支也有所減少，故整體開銷其實並無增加，只是旅遊開支大增而已。明乎此，就能把握所謂六沖流年破財的真意了。

命理中的創造性破壞

六沖多為凶，坊間許多時也視六沖為洪水猛獸，避之則吉；但六沖其實也有為吉的時候。

《三命通會》說：「相沖者，十二支戰擊之神，大概為凶。然有為福之甚者，乃沖處相生。」

這裏說為福的原因，是由於納音相生，和我想表達的理論並不相同。尤其是現代人論命基本上已不用納音，故在此不再展開論述。

奧地利有一位非常著名的經濟學家，名字叫熊彼特（Schumpeter）。他提出一個名為創造性破壞的經濟學理論，認為破壞本身是可以產生積極影響，可以創造出經濟價值。

在研究六沖本命年何以是吉的時候，這個經濟學理論完全可以套用得上。

六沖本是破壞和分離，但凡事皆是一體兩面，並無絕對的吉和凶。不少情況下，破壞和分離是會帶來積極有益的影響。

對於青壯年和中年人來說，六沖本命年是成長的一個重要契機；但與本命年不同，六沖年是用另一個方式，向另一個方向成長，而且要先破壞後建設，先分離後連結，先挫敗後成功。當中會有許多痛苦和失望，但帶來的正面影響，有時會比本命年更加大。

這方面有點像佛家逆增上緣的說法。佛家非常重視緣法，對一件事有助益的緣份，名之為增上緣。但有時候某些事表面有不良影響，佛家認為只是從反方向促進發展而已，這些緣份就叫做逆增上緣。

六沖帶來的正面影響，其實也類似佛家所講的逆增上緣。

所有人遇到的第一個六沖流年都在七歲那一年，大部份人都在該年上小學一年級。由於有半天甚至一整天都在學校，意味着命主和父母的接觸會相對減少。而且，學校有自己的規矩，父母也需要遵守，孩子的生活不會再像之前般完全由父母支配了。

許多小孩子上小學時，由於環境和生活模式有所改變，都會不習慣甚至驚慌。一旦熟悉了新環境，他們的成長會進入另一個新階段。父母在這階段適度放手，對小孩子健康成長很重要。

這是六沖為吉的一個例子。

到了第二及第三個六沖年，命主分別是十九歲和三十一歲，很多人會在這兩個年份負笈海外留學，或離鄉別井到外地工作。有些人的命是與故土無緣，而且不能由父母家族教導成才，必須離鄉才能真正發展起來。對這些人來說，父母家族的影響反而不利命主，必須趁六沖流年到外地闖蕩一番，反為吉利。

這是六沖為吉的另一個例子。

另外，六沖年許多事情會加快進行，即使本來糾纏不清的情況也會忽然進行得乾脆俐落，命主甚至可以揮一揮衣袖，不帶走一片雲彩。故此，若六沖年之前正值人生低谷，事多艱難阻滯，一到六沖流年，則可望拋開過去的包袱，反而有利於開創新局。

這也是六沖為吉的重要例子。

故此，六沖流年往往是人生的重要轉捩點。

晚年六沖須憂健康

重要轉捩點，我們稱之為關口。人生最大的關口，莫過於生命的關口。

晚年時身體不同壯年，本身不宜操勞，只宜攝精保氣，閒適為重。

但六沖帶有極大的動象，既有分離和變動之象，也會令事情進展更加急速，其意象和晚年生活並不相符。故一般來說，年命六沖在晚年是凶較多而吉較少。

晚年的六沖必在六十六歲、七十八歲，以及九十歲左右。健康狀況欠佳的在六十六歲時就要小心注意；健康較佳者，在七十八歲或九十歲時也要多保重身體，閒事莫理了。

在實戰時，當然不會人人都很標準整齊地在六沖年出事，這只是教科書式的說法。實際批斷時，會非常重視六沖年的前一年和後一年，這兩年也是比較關鍵的年份，而且年紀愈大就愈關鍵。

前面楊女士的例子即是在六十六歲時沖太歲（見59頁），由於本身健康欠佳，所以在六十七歲時就突然離世。

另外有一個個案是關於高壽人士的。廣州的潘先生生於一九一〇年，他在中年時曾經患上嚴重的痛風症，故自此之後很重視身體健康，即使退休後亦勤做家務，而且每日皆練習少林寺易筋經及太極拳，身心都非常健康自在。

但在二〇〇〇年庚辰年九十歲時，本命逢流年六沖，該年由於一個關係很好的女婿突然自殺，心情受到很大打擊，未幾即驗出患上癌症，大概過了幾個月就離開了人世。

故在晚年階段，若本命遇上六沖，就不只是上半身的健康問題，而是可以視之為其中一個性命的關口。

本命六合代表連結與修補

講完六沖，以下幾篇會講六合。

一般來說，本命太歲遇六沖流年通常較不吉利，或者較動盪，變化較大。若遇六合流年則通常會較為吉利，變化會較為和緩，較少突如其來令人措手不及。

地支六合有其天文學上的理由，本書重點在於應用，故在此暫不細述。

從意義上來說，六沖代表分離和破壞；六合則相反，代表連結與修補。在本命遇上流年六合之時，凡是年支所代表的意象，多有關係較為緊密的性質。

例如年支代表父母及家族，六合流年代表命主和父母及家族的關係會較前緊密，來往較多，或感情較融洽。

前例屬兔的尚先生（見25頁），之前一直和家人關係疏離。但在二〇一八戌年，流年和本命地支形成六合年時，竟然願意帶女朋友跟父母和其他家人見面，算是加強了雙方的感情連結。

前例屬龍的田先生（見95頁），也是首次在二〇一七年雞年，流年和本命形成辰酉六合之時，帶女朋友和母親見面。

不過，即使同屬於六合，吉利的程度和性質也會有分別。

從五行角度來看，六合中有三對是五行相生，名為生合；另外三對是五行相剋，名為剋合。

五行相生：

- 寅亥合，水生木。
- 辰酉合，土生金。

• 午未合，火生土。

五行相剋：

• 子丑合，土剋水。

• 卯戌合，木剋土。

• 巳申合，火剋金。

生合的三對地支，連結和修補的意味最濃。例如田先生的辰酉合，二〇一七年和母親的關係是非常融洽的。

而剋合的三對地支，連結和修補的意味則較淡，而且在和合中帶有怨恨和不和。例如前面尚先生的例子，卯戌合是木剋土，故在二〇一八年時，雙方關係並無實質性改善，只是很輕微的緩和而已。

六合年可修補財運

六合有修補的功能，除了可修補人倫關係，也可以修補財富。

本命太歲掌管財運，逢六沖流年則破財，那麼同一原理，六合流年就代表該年會財富增加。

例如香港特首林鄭月娥生於一九五七年屬雞，遠的年份不說，就說二〇一二年。該年地支是辰，和雞形成辰酉相生六合，她被委任為政務司司長。此職位為一人之下萬人之上，人工水平是她當官生涯的新高點，而且還享有政務司官邸，絕對說得上是收入增加。

有時六合流年也表示一些經常性開支忽然減少而已；但開支減少，存下來的錢自然相應增加，也是走財運的一種模式。

例如前述的尚先生（見25頁），二〇一六年開始一直租樓住，每個月起碼有一兩萬經常性開支。二〇一八年初時，有在外地的親屬請他幫忙看管住屋，於是免去了一大筆租樓費用。

按本人目前的經驗，六合流年較少旺投資性的偏財，例如股票買賣之類，很少應驗在六合流年。各位讀者不妨可以幫忙驗證。

此外，年支也代表家族的財富，當然也包括遺產，故在六合流年，或前後一個流年時，代表能從父母或家族處得到財富。

前例屬龍的田先生（見95頁），二〇一七年雞年時母親過身，由於父親一早已過身，故名義上在二〇一七年已可享有父母的遺產；但由於辦理程序需時，故實際在二〇一八年時才正式承繼了一幢住宅及若干現金。

六合流年承繼家族財富的效應，一般在青壯年至中年階段時會較明顯。童年及晚年時則較少應驗，這和不同的人生階段有很大關係，批斷時應多着眼於此。

六合年的趨吉避凶法

六合流年是比較特別的一個組合。如果能善加利用，可以幫助修補不少人際關係中的裂痕。

有些裂痕在原合局中已出現，例如和父母不和，和家族成員決裂等，都是比較基本性的裂痕。如果沒有妥善處理，會愈來愈嚴重。

有一些裂痕則是在流年大運中產生的。可能會愈來愈嚴重，也可能停留在原本的狀態。

在生肖論命中，流年與本命生肖六沖是比較明顯的人際破裂信號。在不同的人生階段中，六沖都代表與某些人關係的分離和破壞。這些人當中，可能有些對命主是比較重要。有些影響雙方關係的事情，也可能只是陰差陽錯下的命運安排，並非什麼原則上的問題。事後想起，可能根本不太嚴重，只是沒有機會或沒有這個意欲去修補關係。

有時有些裂痕，與人際無關，純粹是自己內在的問題。可能在某些年份，自我意識會因事而受到沖擊，並因此而失去某些部份，例如情感、回憶或曾經擁有的價值觀或理念。

某些六沖流年，會幫助去掉不好的經驗，但由於過程比較激烈，即使命主可從中獲益，也可能會留下不愉快的印記。

這些印記若沒有好好處理，可能會像病毒般潛藏在心底裏、腦海中，無聲地影響了往後的日子，令自己在觀念上或行為上產生偏差。

這種種的裂痕和遺憾，在六合流年時，都可以借機會好好修補。

例如，可以藉機會和曾經有誤會的好朋友重新交往，和關係不睦的父母或長輩來一個和解的深談，和關係疏離甚至有利益衝突的同事朋友多聚會聯絡感情；也可以周遊列國，透過外在的經驗，重新彌合內心的衝突和矛盾。

故此，六合流年是自我療癒的良好時機，應當好好把握。

屬龍和屬狗的特殊法則

一般來説，凡流年見六合的通常比較吉利，流年見到六沖的，通常會有點麻煩事。不過，批斷屬龍和屬狗生肖的流年運時，卻需要參考一條特殊法則。

這條法則和地支的沖合安排有關。

細心的讀者會發覺，按十二地支的排列：

本命辰龍，由於在流年是先見到酉，緊接着見到戌，於是形成先辰酉六合，再辰戌六沖的組合。

本命戌狗，由於在流年是先見到卯，緊接着見到辰，於是形成先卯戌六合，再辰戌六沖的組合。

按常理推斷，應是在六合年先遇到吉利事，然後再在六沖年遇到麻煩事。但實際上不然，而是六沖年的不利事，會提早在六合年出現；而本來應該比較吉利的六合年，卻只是平平，甚至變為凶年。

我稱之為「辰戌特殊法則」。

例如之前提到屬虎的楊女士（見125頁），她在二〇一七年酉年去世。其兒子生於一九七六年屬龍，二〇一七年是其六合流年，本屬吉利。但此年他不但喪母，更因此而大病一場，病位正在上半身，絕對說不上吉利；而在次年的六沖流年，其健康逐步好轉，工作事業略有進步。

若按辰戌本命年的特殊法則來斷，這就很準確了。

當然，六合和六沖流年的吉凶並不會完全相反。如上例楊女士的兒子，二

○一八年頭有搬過一次屋，而且二○一八年視力轉差，分別應了健康和搬屋這兩個六沖的象，其不吉及變動的性質仍然存在。

另外，有一位陳先生也生於一九七六年屬龍，二○一七年並無特別的凶象，但受「辰戌特殊法則」影響，此年也無吉象。剛入二○一八年頭，前妻便突然去世，年中則父親去世，凶象畢現。

因此，凡是辰戌生肖的命主，在六合流年要非常小心，可能並不吉利。而在其後的六沖流年，更要多加準備，慎防不利之事。

流年見刑多暗中傷害

地支的刑是一個很常見的組合，在原命局及流年出現的頻率，比本命年和六沖六合年要多。一個十二年周期中，通常會出現兩至三次，故其對命局的影響很值得重視。

地支的刑指以下四個組合：

- 子卯相刑
- 寅巳申相刑
- 戌丑未相刑
- 辰午酉亥自刑

例如寅年出生，見到巳或申就叫做刑。如果同時見到巳或申，更形成三刑，吉凶的應驗程度比單見巳或申更強烈。

刑這個組合，古書有指出是可吉可凶的。如果遇到吉星輔助，可以加強生殺之權，有助事業發展。

實踐中的確如此。如果本身命格配置得當，三刑會增強吉利的程度，尤其有利於從事管理以及開拓性質工作的人。

不過，刑就像一把刀，適宜使用的人始終是少數。而且，即使適宜使用，偶一不慎也會出問題。

至於其他大部份人，就更不適合，故地支相刑許多時都以凶論。

但地支刑的凶和六沖的凶有不同。六沖的凶是明刀明槍，突如其來，但快來快去，比較乾淨俐落，而且有時可以避過。地支刑的凶則如暗器短刀，近身纏鬥，容易令人猝不及防；而且過程會比較煎熬，令人煩惱。

故《鬼谷遺文》有云：「君子不刑定不發，若居仕路多騰達，小人到此必為災，不然也被官鞭撻。」

本命在流年若見刑，一般來說都是多凶少吉，宜多提防。

本命刑自招其禍

刑的組合，本身已是殺機重重，如果再遇上其他不太吉利的命理組合，則凶的意味就會更加濃厚。

前面說到，本命年是可吉可凶的。但即使吉利，由於有月盈則食的趨勢，容易由盛轉衰，物極必反，吉變為凶。能夠在本命年持盈保泰，謹慎以進的人，才可以真正獲得本命年的好處。

但如果本命再加入刑的組合，則令命主的個性變得更加自我，以及偏激和衝動。其結果就是不吉為主了。

本命遇刑，這個刑就是指辰午酉亥這一組。

辰午酉亥這一組比較特別，是重見自己的本命才是刑，故名之為自刑。例如辰年出生，在辰流年就形成自刑；午年出生，在午流年也是自刑。

自刑的特點，《三命通會》有論及：「辰者水之墓，滔則盈。午者火之旺，暴則焚。酉者金之位，剛則缺。亥者水之生，旺則朽。各稟已盛太過之氣而自致禍。」

簡單來說，自刑的問題就是自作自受，自招其禍。這和本命年致凶的原因頗為一致。

故此，如果辰年、午年、酉年、亥年出生的人，在遇到本命年時，就要比較小心，通常會遇到是非麻煩，甚至挫敗；而這些問題，主要是命主過份進取，行動失度所致。

當然，這四年自取其敗，不一定都顯示在當年，這樣論命就太過機械呆板。有時，這四年的本命年會頗為吉利，但當年的行為與心態，會種下日後破敗的種子。

例如，命主在本命年意氣風發，得罪了某些人。次年或幾年之後，在自己勢弱但對方勢強之時，對方就進行反撲，令命主蒙受損失。

第四章

太歲推斷實例

特朗普盛極而衰

我是因為看美國真人秀節目《The Apprentice》而開始認識特朗普這個人。老實說，他其實是許多男人心目中的偶像：家境優越，自己富有，老婆美麗而且還不只一個，兒女一大堆，男英俊女漂亮，還很有才能。

他本人不僅富有，而且有名氣，有權力。而且，他還擁有健康，支持他在七十歲高齡，以政治素人身份競選總統，並成功奪得這份世上少有極其辛苦的工作。

特朗普生於一九四六年丙戌年，生肖屬狗。我在《子平説秘》中舉例提過屬狗人的幾種特性，恰巧都符合特朗普的生平。

戌是火的倉庫，火為文明之象，故又稱為文庫。所以，屬狗的人可以選擇文化、教育、傳媒及影視等行業，會較容易有成就。

特朗普在軍校畢業後，曾想過讀電影學校加入演藝界做明星，只因父親反對而作罷。不過，他的影視夢從未熄滅，曾在多部電影中客串，後來更靠《The Apprentice》而名聞天下，名利雙收。可見他和影視行業有頗深的緣份。

戌在西方北，八卦屬乾卦，故有武職之象，其人會比較好動，喜愛運動或武術，亦適合從事紀律部隊工作。特朗普於紐約軍事學院畢業，非常喜愛職業摔角比賽，這點也頗為符合本命生肖的特性。

乾有尊貴之象，屬狗的人可以掌握部門實權，可從事管理有關的工作。身為美國總統，特朗普可説是世界上最有權力的人了，這點相信不用我再闡述。

陽火局特質明顯

許多人都不會否認，特朗普是一個成功人士。因此，他能享受到三合和六合生肖帶來的好處，包括朋友及盟友眾多。有些人會質疑，說他敵人也不少。其實，特朗普能擊敗政壇老手希拉里，以及共和黨內眾多對手，一舉奪取總統寶座，所獲得的外界助力是相當驚人的。一個失道寡助的人是不可能取得西方民主選舉的勝利。

他雖然生肖是狗，但自幼家庭良好，整體而言大部份時間都是順運，故形成三合火局，而且看來是陽火之局。

可以見到，其為人相當多情甚至濫情，可以用風流來形容。而且，為人極其高調，非常在意自己的大眾知名度，也非常享受鎂光燈下的生活，此所以他也很喜歡電影和娛樂事業。

火局人喜歡體驗不同的經歷，討厭平淡，人生的起伏會較大。特朗普從事過多種職業，旗下業務種類也不少，現在還闖入政界當上總統，完全符合火局人的特徵，活力充沛，興趣廣泛。

當然，火局為朱雀，故特朗普喜歡説話，甚至有點口沒遮攔，一生皆是非口舌纏身。有趣的是，除了被動的是非，他還經常主動興訟，挑起矛盾，故火局朱雀的特徵完全是特朗普的真實寫照。

不過，即使有合局沖局的化學反應，特朗普的生肖始終是戌狗。戌土為人較頑固自我，而且帶有孤僻性質，對人甚有防備心。

對其本命的論述到此為止，下面就談談他的幾個流年。

幼年的特朗普本身已比較頑皮，逐漸長大時情況更愈來愈嚴重。一九五八年，特朗普迎來他的第一個本命年。當年十二歲的特朗普和好友布蘭特（Peter Brant）經常坐地鐵去曼哈頓，在他們眼裏，那是一個遙遠而充滿吸引力的地方。一到週六，他們就會瞞着父母，偷偷上路。

在時代廣場，他們發現有兜售新奇小玩意的店鋪，就在那裏買了專用於惡作劇的物品，而且經常把自己想像成黑幫成員。

特朗普的父親後來發現了兒子藏刀，而且偷偷跑去曼哈頓，於是大發雷霆。他認為兒子需要一次徹底的改變，於是決定把他送進離家七十英里的寄宿學校——紐約軍事學院。這個改變令特朗普非常沮喪。

特朗普的第一個本命年，因過度狂妄而招致損失，令他不能再過自己喜歡的生活。

不過，進入軍校卻令他接受更規範的教育，對日後發展卻很有幫助。故總體而言，首個本命年是吉利，對其成長十分重要。

一九六八戊申年特朗普加入家族企業正式從商，並開始逐步繼承父親業務。此年天干戊是戌生肖的主氣藏干，是天干本命年，顯示特朗普開展其人生另一階段。

特朗普屬狗，受特殊流年法則影響，六沖和六合流年皆以凶為主。

因此在一九九九年兔年，是其本命的六合流年，此年父親去世。而二〇〇〇年辰年，是本命六沖流年，則喪母。

二〇一九年後盛極而衰

來到二〇一八狗年，特朗普坐太歲，而且天干地支皆是本命年，我稱之為「超級本命年」。特朗普借助太歲的力量，比較有權威。故此，二〇一八年他意氣風發，四面出擊，在國際及國內皆呼風喚雨，令整個世界都圍着他來轉。

但是，坐太歲者會傾向較為衝動急躁，而且過份自信及自戀，以致於高估自己的能力和運氣。故此年通俄門等事件也令他煩惱不已。

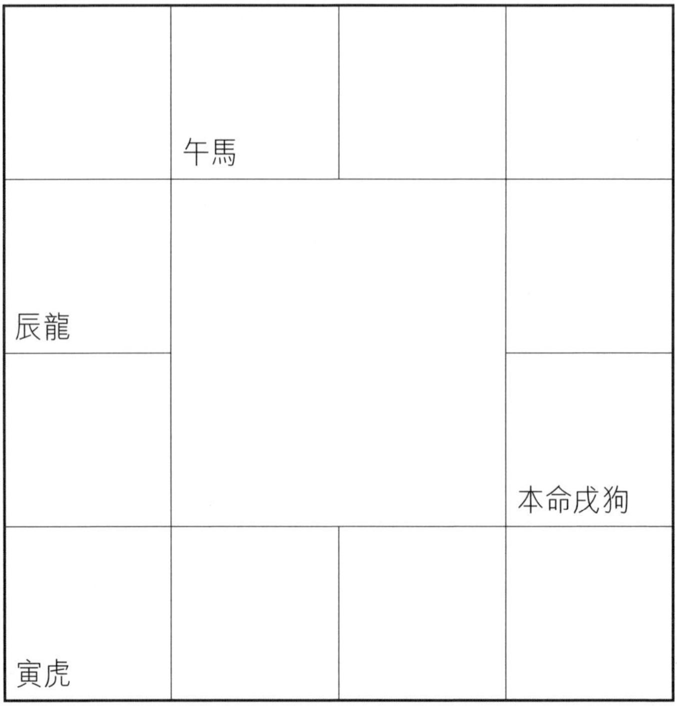

圖十三：特朗普三合六沖

二〇一九年，特朗普不再坐太歲，管治權威會稍減，憑藉權勢地位去辦事的能力也相應減少；在國際及國內受到的掣肘也會進一步加大。

故此，二〇一九年，特朗普在國際局勢中的影響力將會有所減少。而在往後的年份，預料特朗普的威勢將會日漸減弱，即使能成功連任總統，也可能無復二〇一八年之勇了。

巴菲特留意二〇二〇年

美國的巴菲特被譽為當代投資大師，是許多人的偶像。我本人也很欣賞他對事物深刻的洞察力、堅毅的耐力和持續學習的熱情。

巴菲特生於一九三〇年，生肖屬馬。馬屬離卦，一般來說是比較激情外向的生肖，但巴菲特本人卻極不喜歡社交，在大學期間曾因為社交技巧太拙劣而去上課付費學習。即使對待家人，他也比較冷漠。其公眾形象也似乎比較溫和平靜，不太符合馬生肖的特質。

其實不然，巴菲特甚有激情，但不是對人，而是對財富和知識。他自孩童開始已非常喜歡錢，據説十二歲那年，突然在人前發誓，要在三十歲前成為百萬富翁，否則會在奧馬哈最高的大樓上跳下來。他也曾説過，財富給予他很大的快樂。

後期捐贈財富之舉，乃是受到亡妻的啓發，以及年紀漸長，對財富的追求稍淡所致。

至於知識，他曾說自己的主要工作就是閱讀。其大部份工作時間，就是閱讀各種各樣的新聞、財報和書籍。合作伙伴芒格曾形容他「是一本長了兩條腿的書」。正因為持續吸收大量的資訊，他才能對不斷變化的形勢作出合乎情理和正確的判斷。

馬生肖的人會比較執著和激情，對自己喜歡和相信的人和事，會矢志不渝地追求。這些特質都能在巴菲特身上得到驗證。具體闡述可參看《子平說秘》。

巴菲特幼年的家境算不錯，而且二十多歲時已擁有不俗的財富，又受到良好教育，故能成為三合火局。

相對於特朗普的陽火局，巴菲特應是屬於陰火局，故為人較為低調，只會全身心投入自己喜歡做的事，此所以他經常強調投資要在自己的能力圈之內，不會貿然冒險。

其低調冷靜，除了由於是陰火局，也由於對宮生肖鼠的影響。子鼠五行屬水，後天八卦屬坎卦，本身特性就是低調而且冷靜。子水為人崇尚智慧，重理性輕感情，這點也降低了午火的熱情。

對巴菲特本命的論述到此為止，下面開始研究其部份重要的流年。

一九四二壬午年，第一個太歲本命年，巴菲特開始投身股海，把存下來的一百一十四點七五美元購買了生平第一隻股票；也有些紀錄說是一九四一年開始買股票，兩者分別不大，因為都是與本命吉年相關的年份。

一九五四年，是第二個本命年，他到達紐約正式加入偶像葛拉咸

（Graham）的投資公司工作，開始很正規地進行投資。這段時間，他學懂了許多價值投資的訣竅，同時也孕育出一些新的概念。

一九六六是第三個本命年，此年是巴菲特的人生高峰。他在一封信中，稱自己公司的業績已創下了空前的紀錄。可以看到他當時興奮的心情，以及滿滿的自信。

六沖流年多不吉利

對巴菲特來說，大部份本命年似乎都比較吉利；至於六沖流年則以不吉利為主。

一九四八年是他的第二個六沖流年，其徵驗主要是不利父親。巴菲特的父親一九四二年時開始擔任共和黨的國會議員，但在一九四八年十一月競選連任失敗，只能回家鄉重操舊業。

巴菲特當時正在沃頓商學院讀書。可能由於家境轉差，加上在商學院讀得不甚愉快，他便找了個理由，在次年一九四九年轉到家鄉內布拉斯加州讀大學。可見，此次六沖也有地域變動之應。

一九八五年時，他作出了一個決定，為一項持續十幾年的投資止蝕。一九六二年時他收購了一家紡織公司，當時公司的賬面值約為二千萬美元；但由於種種原因，令公司不斷虧損，他唯有在一九八五年中決定正式結束經營多年的紡織業務。

從生肖命理去推斷，相信在前一年的六沖流年，已令他開始認真考慮這個決定。

這個六沖流年還有一件令他心碎的事，就是第一任妻子 Susan 正式承認愛上另一個男人。

當初二人結婚之後，由於巴菲特專注事業，疏於照顧家庭，令二人的關係逐漸出現變化。一九七七年 Susan 到三藩市置業長居，發展自己事業，同時照顧在當地讀大學的幼子；但要到一九八四年，她才正式承認，到三藩市生活是因為愛上了她的網球教練。

巴菲特從未將此事告訴第三者，只是專注工作去驅走心靈的創傷。這個傷痛待他後來託人寫自傳時才首次披露。

巴菲特除了專注工作，是否也從中學懂某些愛情的真諦呢？也許吧，他曾稱 Susan 是他其中一位最偉大的導師，相信是指愛情方面；而且，他和現任妻子的關係一直維持到現在，在公眾場合都表現得很甜蜜。

一九七七年 Susan 要搬走時，據說巴菲特自己也有外遇；但 Susan 並無揭破，只是叫一位來自拉脫維亞的餐廳女侍應代替自己照顧巴菲特。也就是說，此年巴菲特同時和三個女性展開或保持着關係。

一九七七年屬蛇，是巴菲特的迎太歲年。本年雖和原配分居，但由於事業順利，故客觀來說，似乎對他來說也是個很吉祥的年份。

一九七二年是一個強力的六沖流年，此年暫時看不到明顯的不吉因素。不過，此年可以看到巴菲特在投資風格上作出了頗大的變化。

有些研究巴菲特的專家將一九七二年視為巴菲特投資哲學的分水嶺。此前他緊隨葛拉咸的「雪茄屁股」策略，以極低廉價格，購買基本面一般但仍有價值的公司。在一九七二年，巴菲特以甚高市盈率的價格投資了加拿大的喜詩糖果公司，只是因為它有極佳的發展前景。

這個投資成為巴菲特最引以為傲的成功個案之一，也被視為其投資哲學進化的一個關鍵案例。自此之後，他不再單純專注於發掘「雪茄屁股」，而是重點關注成長潛力。故此，這個六沖流年沖擊了巴菲特過去的投資信念，並孕育出新的投資體系。

到了一九九六年，這是另一個六沖流年，目前找不到其他不吉利的資料，但巴菲特的母親於此年去世，也應驗了六沖本命不利父母長輩的批斷。

二〇〇八年屬鼠，和巴菲特的本命再次形成六沖。在第三章內講過，六沖本命是破財年（見143頁）。此年巴菲特管理的巴郡公司（Berkshire Hathaway）虧損了一百一十五億美元，幅度約一成。巴菲特也承認這是他從一九六五年開始管理巴郡四十四年以來業績最差的一年。

展望二〇二〇年，是另一個六沖年。考慮此年股神已年屆九十，可能會是其正式退休的時機。不過，財富的起跌並非首要關注事項，還是留意身體健康

圖十四：巴菲特三合六沖

為上。

願股神龍馬精神，以不同方式為世人繼續分享財富的智慧。

李小龍的超級本命年

李小龍是一代國際功夫巨星，其傳奇一生至今仍為許多人津津樂道。

他的八字已有許多人討論和研究過。本文不從過往熟知的角度去探討，而是以生肖論命的方式去研究其生命軌跡的一些重要關鍵點。

他生於一九四〇年，生肖屬龍。

屬龍的人地支為辰，五行屬陽土，代表其人有着土的穩重和堅毅，而且帶點剛強不屈，是個倔強和有原則的人。辰年出生的身主是文昌，表示會有一定的文學藝術修養。具體闡述可參看《子平說秘》。

李小龍雖以武術名聞於世，而且小時候經常打架，脾氣亦大；但大學時修讀哲學，而且以哲學總結出截拳道的理論，絕對和辰土主文藝的特質相符合。

辰龍的人由於是四墓之地，故個性會比較孤僻。據曾任教李小龍的老師回憶說，他為人喜歡我行我素，獨來獨往，和同學相處不太融洽。

在李小龍的人生高峰期，除了顯示辰龍的特質外，還顯示了六合位酉雞、以及三合位申猴及子鼠的特質。

這階段李小龍最大的一個特點，是朋友眾多，而且觀眾緣非常好，完全符合三合六合的特質。具體而言，他具備了鼠人的應變能力，以及領導能力。也具備了猴人和雞人重義氣，守諾言，愛交朋友的特質。

須知道，年輕時的李小龍經常和別人打架，不是有太多朋友。這應是由於他小時和父母關係較疏離，以致令辰龍孤剋的特質過份顯露之故。

待他長大成熟，且事業有成之時，則辰龍的孤剋性被三合六合的生肖打磨得圓潤，以致變得四海春風，朋友及影迷眾多了。

而且，李小龍形成三合陽水局，故此，其人重視智慧，喜歡將自己的武學心得系統化、哲理化。

陽水局的命主，人生志向和境界會較高，做事較有魄力，行事也會較為透明，人生觀較為積極。這點也在李小龍身上得到驗證。

有一點比較有趣，李小龍喜歡說 be water，以水來比喻截拳道的境界和心法。辰龍正是水庫，加上李小龍形成三合水局，故兩者之間似乎有點神秘的關連。

下面開始研究其重點流年。

一九四六年是戌年，和本命辰形成六沖，該年李小龍進入名牌學校讀小學一年級，並首次參與拍攝電影《人之初》，開始了童星生涯。

一九五二年即本命辰年，李小龍進入喇沙書院就讀中學一年級，正式成為中學生，個人成長又進一步。

一九五八年即戌年，和本命相沖，有和父母分離之兆，也代表離開故土。此年李小龍的父母覺得兒子已經成熟，二來不想他在學校經常惹事，決定讓他到美國讀書。直至次年，他才正式赴美。

這個辰戌沖的效應肇因在當年，但實際顯現在次年。這種相隔一年才實現的情況，在批斷流年運程時經常出現。

一九六四年是辰龍年，此年李小龍二十四歲，也是他的第二個本命年。此年他開設奧克蘭振藩國術館，並在加州長堤舉辦的國際空手道錦標大賽作嘉賓表演，技驚四座，開始為更多人認識，同年並進行多場表演，更因此而累倒。

有一次，他和三藩市一名華人功夫教頭比武時，損耗不少精力才獲勝，令他反思傳統武術的優劣點，激發了日後改革武術，創立截拳道的決心和念頭。

辰辰自刑，故吉中有凶，且影響心情。當年其父親李海泉病重，並於次年二月八日，剛過立春幾日便因心臟病去世。

一九七〇年是戌年，和辰龍形成六沖，也是他人生的第三個六沖年份。前面說過，在中年時期，本命年和六沖年都是極其重要的運限，值得留意。

此年他明顯驛馬星動，頻繁奔走各處。例如由美國飛往瑞士，為名導演波蘭斯基上私人武術課，又到英國和香港度假省親。這是流年沖本命年支離開本土之應。

此年他和邵氏電影公司傾談合作，不過最終未能達成協議。此年年支被沖，傾談合作本屬不宜，故也是符合命理的法則。

此年夏天，李小龍由於忽略了熱身運動，以及過度操練，以致在舉重訓練中腰椎嚴重受傷，卧床休息了相當長時間才能康復。據悉，自此之後他就非常重視熱身運動。

這點也是年支六沖，上半身有疾患的徵驗。

本命六合年大吉

講完六沖年，可以談談他的六合年和本命年。一九六九年是雞年，和其本命龍年六合。中年的六合年，甚具效力，不能忽視。

此前他在荷李活工作不順，在此年他在日記中寫下著名的誓辭：《我堅定的總目標》，期許自己成為第一個片酬最高的東方超級巨星，並在一九七〇年開始世界聞名。

這個誓辭是他在人生低潮時的自我激勵，並以之成為發展的動力。現在看來，這些誓辭日後已完全應驗，可視之為流年六合對心靈的修復和整合的能力。

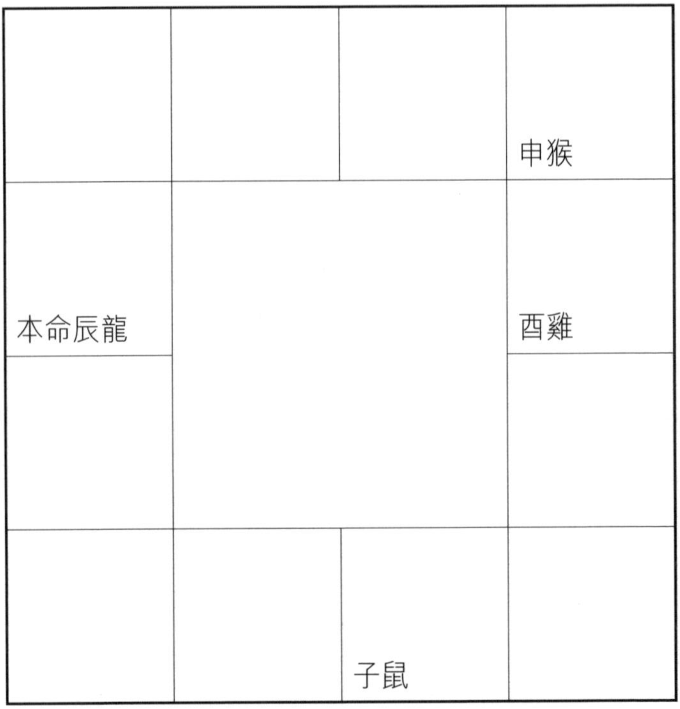

圖十五：李小龍三合六合

一九七二年是他的人生高峰，電影《精武門》轟動世界並打破亞洲票房紀錄。同年他以截拳道宗師的身份入選國際權威武術雜誌《黑帶》名人堂，同時又自編、自導、自演了《猛龍過江》和《死亡遊戲》，並和荷李活電影公司華納合拍《龍爭虎鬥》，後者在美國取得驚人票房。

七二年干支是壬子，生肖屬鼠，正是李小龍三合水局的本命年。由於是超級本命年，故此年甚為吉祥，現在回看，可說已達到其人生的最高峰了。那麼也可以說，其命運將出現「日中則昃，月盈則食」現象，開始向下滑坡。

只是，其滑坡並不是以官司疾病等的形式出現，而是直接死亡。李小龍在一九七三年猝死，令萬千影迷心碎，也是武術界的一大損失。相信李小龍對中國武術的貢獻和銀幕上的英姿，將永留世人的心中。

米高積遜乃陰火局人

米高積遜（Michael Jackson）曾是美國乃至全球流行樂壇的天王巨星，曾是全球流行文化的代表人物，也是無數人的偶像。他活出了傳奇的人生，即使已離世十年，至今仍然活在許多人的心中。

米高積遜生於一九五八年，生肖是狗。

他的童年相當悲慘，經常受到父親虐待，令身心受創。既得不到適當的教育，也無法過一個快樂的童年。即使日後名成利就，但名氣和金錢仍然治癒不了這個深刻的心理創傷。

事實上，他人生大部份時間都不太快樂，除了不堪回首的童年，中年成名之後又受到皮膚病、抑鬱、痛症、長期失眠，以及多宗官司及大量不利新聞的打擊，令他的身心備受摧殘；而且由於理財不善令到債務纏身，一度需要舉債度日。

表面看他是天王巨星，但其心中似乎並無太多的快樂。按道理他只有在巔峰的數年時間形成三合局，而且只是陰火局，其他時間都只是由本命戌支主事。

三合陰火局令他成為一個有理想有抱負的藝人，而且為宣揚黑人對音樂的貢獻，以及全球的慈善事業而付出。不過，陰火局令他只專注於自己的事業，並沒有太多的人際交往。

三合火局，又或者純粹的本命戌土，也代表五行的火極旺，適合從事文化藝術類的工作。米高在流行音樂界別取得巨大的成就，這和火的意象是比較吻合的。

有相當長時間，他的人生是受到本命戌支和對宮辰龍生肖所主導。土五行代表着孤僻和神秘。他為人比較內向，而且有強烈的自卑感，也很重視自己的隱私，不願將真實的自己過多暴露給公眾。

此外，土也代表怪異。故在他生命的最後十數年，時不時出現怪異行為，被主流媒體大張撻伐。相信此時他的內心已經相當痛苦。

回看米高的一生，有部份重要流年和生肖有頗大關聯。

一九六四年龍年，和本命狗形成六沖，此年他加入哥哥創立的樂團並擔任主音歌手。樂團更名為 Jackson Five，並初次登上職業音樂舞台。

一九七六年是龍年，和本命形成另一個六沖，由於不滿原來的摩城唱片公司限制了發揮，此年米高和兄弟們轉而和哥倫比亞唱片公司簽訂新協議。新公司為他們帶來了更大的發揮空間和更好的發展前景。

這應驗了六沖本命與上司不合，以及轉移工作單位的證驗。

一九八二年狗年，是米高的本命年，此年年底他出版了專輯《Thriller》，據稱是迄今為止全球銷量最高的專輯，也為米高帶來大量獎項。此年的工作為他帶來事業新高峰。

本命被刑剋主整容傷災

一九八三年是豬年，他仍然在事業上取得很大突破。例如他首次公開表演月球漫步（moon walk），並受到更多人的崇拜。不過，這個豬年干支是癸亥，乃是強力的水，克制本命戌土中的火，必會造成傷害。

一九八四年一月，此時仍未過當年的立春，故仍是癸亥豬年。當時他為百事可樂拍攝廣告，突然發生事故，以致頭部被煙火燒傷，正應驗了年支被剋主上半身有傷災。

一九八八年辰年，生肖屬龍，再次和本命形成六沖。此年米高在加州買下一片十一平方公里大的土地，建造夢幻莊園。內裏安置了摩天輪、小型動物園、影院以及保安哨塔等，並遷入居住。此年的六沖流年，主要應驗在地域或居住地點之變。

六沖也有破財之應，此項工程消耗了米高一千七百萬美元，而此後每年的維護費高達五百萬美元。

米高一生有多次整容，不是每一次都和本命生肖的變動有關，但二〇〇〇年的一次則可在本命生肖上找到蛛絲馬跡。

二〇〇〇年時，不少人發現米高的容貌有了較大的變化，推測他可能在這一年或前一年再度整容。本年也是另一個六沖年，由於年支主外貌，故年支被沖主容貌有變，或意外造成，或是後天整容所致。

圖十六：米高積遜三合六沖三刑

至於三刑，在米高的流年上也發揮了不太好的影響。

一九七九年一次舞蹈排練時，他的鼻子受傷；由於一直不滿意自己的外貌，他藉此機會進行了鼻子整形手術。此年生肖是羊，和本命狗形成三刑的不吉組合，故代表上半身有傷災。

二〇〇九年，米高在家中猝死。當年的生肖是丑牛，和本命戌狗形成三刑。一般的沖刑絕不會造成性命危險，但當時他的身體狀況已甚差，而且整體運氣已甚衰敗，一遇到本命三刑，就成為了壓倒駱駝的最後一根稻草了。

不過，我在此處重申，推測人生的高低起跌，需結合整體命格去推斷，不能單靠年支。本文以年支作為推測的基點，只是為了演示本命生肖在命理中發揮的功能而已，這點讀者應該不會有誤解。

期望透過以上四個案例，令讀者們對太歲論命有更深入的認識。

太歲論命指南

作者

潘樂德

編輯

梁美媚

美術統籌及設計

Amelia Loh

美術設計

Yu Cheung

出版者

圓方出版社

香港鰂魚涌英皇道1065號東達中心1305室

電話：2564 7511

傳真：2565 5539

電郵：info@wanlibk.com

網址：http://www.wanlibk.com

http://www.facebook.com/wanlibk

發行者

香港聯合書刊物流有限公司

香港新界大埔汀麗路36號

中華商務印刷大厦3字樓

電話：2150 2100

傳真：2407 3062

電郵：info@suplogistics.com.hk

承印者

美雅印刷製本有限公司

出版日期

二〇一九年五月第一次印刷

Published in Hong Kong by Forms Publication,

a division of Wan Li Book Company Limited.

ISBN 978-962-14-7022-5

歡迎加入圓方出版社「正玄會」！

「正玄會」會員除可收到源源不斷的玄學新書資訊，享有購書優惠外，更可參與由著名作者主講的各類玄學研討會及教學課程。「正玄會」誠意徵納「熱愛玄學、重人生智慧」的讀者，只要填妥下列表格，即可成為「正玄會」的會員！

您的寶貴意見……

您喜歡哪類玄學題材？(可選多於1項)

□風水 □命理 □相學 □醫卜

□星座 □佛學 □其他＿＿＿＿

您對哪類玄學題材感興趣，而坊間未有出版品提供，請說明：

＿＿＿＿＿＿＿＿＿＿＿＿＿＿＿＿＿＿

此書吸引您的原因是：(可選多於1項)

□興趣 □內容豐富 □封面吸引 □工作或生活需要

□作者因素 □價錢相宜 □其他＿＿＿＿

您如何獲得此書？

□書展 □報攤/便利店 □書店(請列明：＿＿＿＿)

□朋友贈予 □購物贈品 □其他＿＿＿＿

您覺得此書的書價：

□偏高 □適中 □因為喜歡，價錢不拘

除玄學書外，您喜歡閱讀哪類書籍？

□食譜 □小說 □家庭教育 □兒童文學 □語言學習 □商業創富

□兒童圖書 □旅遊 □美容/纖體 □現代文學 □消閒

□其他＿＿＿＿

成為我們的尊貴會員……

姓名：＿＿＿＿ □男 / □女 □單身 / □已婚

職業：□文職 □主婦 □退休 □學生 □其他＿＿＿＿

學歷：□小學 □中學 □大專或以上 □其他＿＿＿＿

年齡：□16歲或以下 □17-25歲 □26-40歲 □41-55歲 □56歲或以上

聯絡電話：＿＿＿＿ 電郵：＿＿＿＿

地址：＿＿＿＿

請填妥以上資料，剪出或影印此頁黏貼後寄回：香港鰂魚涌英皇道1065號東達中心1305室「圓方出版社」收，或傳真至：(852) 2565 5539 ，即可成為會員！

＊請剔選以下適用的選擇

□我已閱讀並同意圓方出版社訂立的《私隱政策》聲明# □我希望定期收到新書資訊

顧客通告：個人資訊

圓方出版社收集個人資料作出聲明，本私隱政策聲明是根據香港特別行政區《個人資料（私隱）條例》－第486章（「條例」）。

個人資料收集

圓方出版社收集顧客資料包括顧客之姓名、電郵地址、郵寄地址、電話號碼、傳真號碼及各項喜好。

個人資料之使用

圓方出版社之顧客個人資料將直接用圖書業務，並向顧客傳遞以下訊息：

1) 新書；2) 特別推廣及優惠；3) 銷售；4) 活動；5) 公司之資訊

個人資料之披露

圓方出版社只授權已獲權限之人士處理顧客個人資料作有關圖書銷售之業務，不會銷售、租借、分享任何顧客個人資料給第三方或不屬於同一機構，除非得到顧客之同意。

查詢核對或修改個人資料

顧客可以發電郵到 info@wanlibk.com 查詢核對或修改其個人資料。

請填妥後對摺，黏貼後即可直接郵寄謝謝

請貼郵票

寄

香港鰂魚涌英皇道
1065號
東達中心1305室
「圓方出版社」收